행복한 **수학영재**로 키워주는

어린이를 위한
수학의 역사 1

행복한 수학영재로 키워주는

어린이를 위한
수학의 역사 1

수의 탄생에서 피타고라스까지

*후지와라 야스지로·이광연 지음

추천사

　무슨 일이든 좋아서 하지 않으면 잘할 수 없습니다. 수학도 마찬가지입니다. 잘하려면 먼저 좋아해야 합니다. 수학과 친숙해지면 자연히 사물에 대한 사고방식이 정확하고 논리적이 됩니다. 수학의 효과는 그뿐만이 아닙니다. 수학을 사랑하는 사람은 세상을 둘러싼 아름다운 조화를 주위의 모든 사물에서 느낄 수가 있습니다. "신의 생활은 곧 수학이다."라고 노발리스(Novalis)는 말했습니다.
　우리가 수학을 좋아하게 되는 이유는 여러 가지이겠지요. 말보다 계산법을 먼저 깨우쳤다는 가우스(F. Gauss)같은 천재는 아마도 태어나면서부터 수학을 사랑했을 겁니다. 반면 19세기의 유클리드(Euclid)라고 불리던 슈타이너(J. Steiner)처럼 열 몇 살이 되어서야 처음으로 수학 공부가 좋아진 경우도 있습니다. 가장 이상적인 것은 초등학교 시절에 수와 도형을 통해서 수학을 좋아하는 싹을 키우는 것입니다. 고학년이 되어 시험을 위해 어쩔 수 없이 수학을 공부하게 되면 이미 제일 어려운 과목, 싫은 과목으로 느껴질 테니까요.

어떻게 하면 우리 아이들이 수학을 좋아할 수 있도록 가르칠 수 있을까? 세상의 모든 수학 선생님들이 고민하고 계시지만 왕도는 없겠지요. 그러나 가장 필요한 것은 무엇보다 재미있게 수학을 설명하는 일이라고 생각합니다. 음식을 먹을 때 아이들은 영양 성분에 대해서는 전혀 관심이 없습니다. 그저 맛있으면 즐겁게 먹지요. 어른들처럼 맛은 좀 없지만 몸에 좋으니까 하면서 먹는 아이들은 결코 없습니다. 마찬가지로 수학 수업을 맛있는 음식처럼 먹을 수 있게 하려면 아이들의 눈높이에서 수학의 원리를 재미있게 설명해서 이해할 수 있도록 해주어야 합니다.

　이 책은 수학이 어떻게 탄생하고 발전해 왔는지 역사를 소개하고, 그 역사 속에서 수많은 학자들이 연구를 위해 흘린 땀과 정열과 좌절, 기쁨을 재미난 일화와 버무려 들려줍니다. 어렵기만 한 분수가 오랜 세월에 걸쳐 발명되었고, 사실은 뛰어난 수학자들도 자신들과 마찬가지로 골치 아파했다는 이야기를 들으면서 따분하던 분수 수업에도 흥미를 느끼게 될 것입니다. 탈레스가 피라미드의 높이를 재거나 나폴레옹이 강 너비를 잰 일화를 듣고 생활 속에서 수학의 원리를 발견하면 호기심에 눈을 반짝이며 수업을 듣게 될 것입니다. 부디 우리 아이들이 이 책을 통해 이 세상에 가득한 수학의 원리를 재미있게 깨달을 수 있게 되기를 바랍니다.

　　　　　　　　　　서울대학교 자연과학대학 수리과학부 교수 김도한

독자 여러분에게

 이 책은 너희들이 초등학교에서 배우는 수학의 역사를 쓴 이야기야. 역사라고 하면 어느 나라, 어느 지역의 이야기라고 생각하겠지만, 국어도 과학도 수학도 모두 재미난 역사가 있단다.
 너희들, 쌀 한 되라는 말 들어본 적 있니? 되는 지금으로 계산하면 1.8리터야. 귀찮게 1.8리터가 뭐야, 그냥 2리터로 하지, 이런 생각이 들지? 하지만 그 뒤에는 모두 이유가 있단다. 평소 궁금한 사실은 그 배경이 되는 역사를 살펴보면 '아, 그랬구나!' 하고 이유를 알 수 있어. 그래서 역사를 조사하는 일은 굉장히 재미있단다.

  이 책은 수학에 대해서 너희들이 궁금해 하던 것을 재미있게 알 수 있도록 쓴 거야. 수학이 어떻게 발달했는지 발전 과정을 따라가면서 흥미를 느끼게 되고 학교에서 배우는 수학도 재미있게 배울 수 있을 거야. 학교 수학 시간이 따분한 친구들에게는 특별히 이 책을 열심히 읽으라고 권하고 싶구나. 또 평소 수학을 좋아하는 친구들은 옛날의 유명한 수학자들이 어떻게 역사에 남을 위대한 발견을 하게 되었는지 알 수 있으니까 꼭 읽었으면 좋겠고.

  이 책은 역사 이야기지만 역시 수학 이야기니까 내용마다 너희들이 스스로 고민하고 생각하면서 열심히 읽었으면 해.

  이 세상 모든 어린이가 수학의 재미에 푹 빠져들기를 바라면서.

2008년 4월 저자

차례

추천사 • 5

독자 여러분에게 • 8

제1장 옛날옛날 수는 어떻게 만들어졌을까?

1. 세계에서 맨 먼저 문명이 열린 나라 • 16
2. 고대 중국의 진(陳) 왕자님 • 18
3. 고대 바빌로니아의 소년 아남 • 21
4. 고대 이집트의 소년 미니즈 • 24

할아버지의 수학⁺ 미니 강좌
: 강 주변에서 문명이 생겨난 이유는? • 26

제2장 손가락셈은 어떻게 시작된 걸까?

1. 손가락셈으로부터 시작된 십진법 • 30

할아버지의 수학⁺ 미니 강좌
: 손가락셈이 중요한 이유는? • 35

제3장 오늘날 우리가 사용하고 있는 십진법은 어떻게 만들어졌을까?

1. 십진법 이야기 • 38
2. 오진법 이야기 • 42
3. 손가락 곱셈 • 48

할아버지의 수학 미니 강좌
: 우리 고유의 수사는 어떻게 만들어졌을까? • 53

제4장 십진법과 십이진법이 겨룬 이야기

1. 진법의 마지막 승자, 십진법 • 56

할아버지의 수학 미니 강좌
: 이진법으로 숫자를 표시하는 방법은? • 65

제5장 수를 세는 방법은 어떻게 바뀌어 왔을까?

1. 옛날에는 어떻게 수를 세었을까? • 68
2. 중국에서 건너온 수 세기 방법 • 72

할아버지의 수학 미니 강좌
: 가장 큰 수는 무엇? • 75

제6장 비례의 신 탈레스

1. 탈레스의 비례 실험 • 78
2. 탈레스와 일식 • 87
3. 당나귀를 골탕 먹인 탈레스 • 92

할아버지의 수학⁺ 미니 강좌
: 기하학은 어떻게 정립되었을까? • 95

제7장 옛날 사람들은 어떻게 측량했을까?

1. 탈레스의 측량법 • 98
2. 나폴레옹의 측량법 • 106
3. 나무꾼의 측량법 • 110

할아버지의 수학⁺ 미니 강좌
: 우리나라의 전통적인 도량형 단위를 알아보자 • 115

제8장 옛날옛날 사람들은 숫자를 어떻게 썼을까?

1. 만약 숫자가 없다면? • 118
2. 루갈이 배운 바빌로니아 숫자 • 121
3. 아메스가 배운 이집트 숫자 • 126
4. 히피아스가 배운 그리스 숫자 • 131
5. 타이타스가 배운 로마 숫자 • 135

할아버지의 수학 미니 강좌
: 마야인이 사용한 수 체계 • 139

제9장 피타고라스

1. 피타고라스의 노력 • 142
2. 피타고라스 학교 • 147
3. 소년 피타고라스의 장작 쌓기 • 151
4. 피타고라스의 정리 • 154
5. 피타고라스의 음악 • 161

할아버지의 수학 미니 강좌
: 피타고라스와 여러 가지 수들 • 167

수학에 대해서라면 모르는 것이 없으신 정민이 할아버지는 동네에서 수학 할아버지로 불린답니다. 할아버지께서는 밤마다 마당에 피워 둔 모닥불 옆에서 아이들에게 수학의 역사와 수학자에 대한 재밌는 이야기를 들려주시지요.
자, 이제 할아버지의 이야기를 함께 들어 볼까요?

제1장

옛날옛날 수는 어떻게 만들어졌을까?

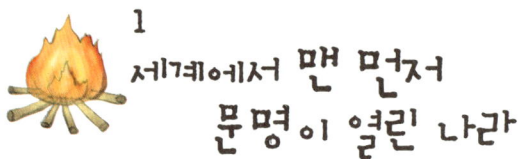
1 세계에서 맨 먼저 문명이 열린 나라

야, 다들 모였구나. 그럼 시작해볼까? 오늘밤에는 말이야, 옛날 사람들이 어떻게 수를 알게 되었는지, 그 이야기를 해줄게. 정말 까마득히 먼 옛날, 우리나라가 아직 생기지도 않았을 때야. 그 무렵 세상에는 문명이 먼저 열린 네 곳이 있었단다. 하나는 우리 이웃인 중국으로 황하(黃河)라는 강 근처야. 또 하나는 중국 옆에 있는 인도라는 나라인데, 인더스 강이 흐르는 곳이었어. 그리고 세 번째는 바빌로니아. 세계 지도를 보면 중앙 아시아라는 곳에 티그리스, 유프라테스라는 두 개의 강이 있는데, 바빌로니아는 그 부근이야. 물론 지금은 없는 나라란다.

그리고 마지막으로 이집트. 이집트는 너희도 잘 알지? 아프리카 북쪽에 있는 나라로 그곳에는 나일 강이 있는데, 그 강 부근에서 문명이 시작되었단다. 세상에서 가장 먼저 문명이 열린 나라는 이 네 곳이었어.

모두 강이 근처에 있다는 사실은 벌써 눈치 챘겠지? 사람이 사는 데 가장 중요한 것은 물이기 때문에 강 가까이로 사람들이 몰려드는 것은 당연한 일이란다. 그러니까 세계에서 가장 먼저 문명이 열린 곳은 모두 강 근처였던 거야.

이 네 나라 중에서 이집트를 빼놓고는 모두 아시아라는 것도 알아차렸을까? 중국, 인도, 바빌로니아 모두 우리나라와 같은 아시아 지역이란다. 같은 아시아인으로서 정말 자랑스럽지 않니? 자, 그럼 본격적으로 이야기를 시작해볼까?

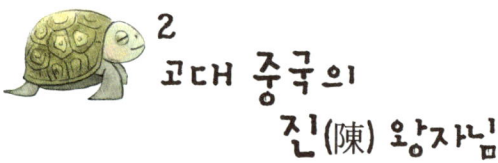

2 고대 중국의 진(陳) 왕자님

　까마득한 옛날 중국에 진(陳)이라는 왕자가 있었어. 그때는 책도, 글자도 없던 때였는데, 어느 날 진 왕자가 숲속에 놀러 갔다가 거북이를 한 마리 잡게 되었지. 왕자는 거북이 등껍질에 여러 가지 그림을 그리면서 놀았는데, 거북이 친구들이 두 마리, 세 마리 모여들지 뭐야. 그러자 진 왕자는 옆에 있던 병사에게 "거북이가 잔뜩 몰려와."하고 놀라서 말했어. 하지만 몰려온 거북이는 겨우 서너 마리밖에 안되었지. 그런데도 왜 왕자는 '잔뜩'이라고 말했을까? 그건 바로 왕자가 '3'이라는 수를 알지 못했기 때문이야.

왕자뿐만이 아니었단다. 왕자님을 지키던 병사도, 임금님까지도 마찬가지였어. 모두들 거북이를 보고 "그래, 많구나."라고 말했으니까.

겨우 서너 마리를 가지고 '많다'라고 하다니, 우습지? 하지만 정말 그랬단다. 그때는 왕자님은 물론 아무리 똑똑한 사람도 수를 세는 방법을 알지 못했기 때문이야. 하나, 둘 정도밖에 모르고 그보다 많으면 그저 '많다'고만 했었단다.

3 고대 바빌로니아의 소년 아남

이번엔 바빌로니아 이야기로 넘어가 볼까? 중국의 진 왕자님이 어른이 되었을 무렵이야. 티그리스 강변에 아남이라는 소년이 살고 있었지. 소년의 아버지는 양치기여서 아남도 아버지와 함께 양 떼를 돌보고 있었어.

그러던 어느 날이야. 아버지가 큰 소리로

"아남아, 그쪽의 양들이 잔뜩 도망치고 있다! 빨리 쫓아가서 몰고 오너라!" 하고 소리쳤어.

그런데 도망간 양은 겨우 네다섯 마리밖에 되지 않았어. 하지만 아남이나 그 아버지도 모두 셋 이상은 셀 수가 없었기 때문에 네 다섯 마리밖에 안 되는 양을 '많다'고 말했지. 아남은 겨우 셋까지밖에 수를 셀 줄 몰랐단다.

　아남과 아남의 아버지가 머리가 나빠서 그랬을까? 아니야, 모두 양이 한 마리라도 없어지면 금방 알아차렸으니까 바보는 아니었단다.

　옛날에만 그런 것이 아니라 요즘도 그런 사람들이 있단다. 뉴질랜드의 어느 원주민은 백인과 물건을 교환할 때 양 한 마리와 담배 두 자루를 바꾸기로 약속했었대. 백인은 하나씩 바꾸는 것이 귀찮으니까 담배 4자루를 한꺼번에 줄 테니 양 두 마리를 달라고 했어. 하지만 원주민은 좀처럼 승낙하지 않았지. 그렇게 하면 자기들이 손해라고 하면서 말이야. 이 원주민들이 머리가 나빴을까? 그렇진 않단다. 원주민들은 수많은 양떼를 끌고 산이나 들판을 몰고 다니지만, 한 마리라도 양이 보이지 않으면 금방 양이 없어진 것을 알아차린다고 해. 우리라면 아무리 많이 있어도 하나, 둘, 셋 하고 셀 수 있으니까 모자라도 금방 알 수 있지. 하지만 이 원주민들은 수를 셀 줄도 모르는데 금방 알아차리다니, 신기하지? 원주민들은 우리처럼 수를 세는 것이 아니라 양들의 머리를 자기 형제처럼 아주 잘 기억하고 있었던 거야. 사물을 관찰하는 뛰어난 능력을 가지고 있는 거지. 다만 수를 세는 일에 대해서 잘 몰랐을 뿐이야. 아남도 그 아버지도 이 원주민과 마찬가지였어.

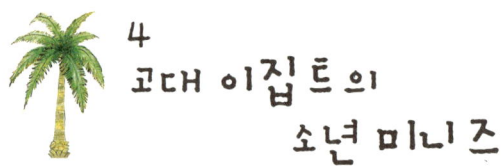
4 고대 이집트의 소년 미니즈

진 왕자가 숲속에서 거북이를 잡고 놀거나, 아남이 양을 치고 있을 때, 이집트의 나일 강변에는 미니즈라는 소년이 살았어. 미니즈네 집 근처에는 종려나무가 자라고 있었는데, 미니즈의 아버지는 겨우 여섯 그루 밖에 되지 않는데도 "우리 집에는 종려나무가 굉장히 많다."고 자랑스러워했단다. 미니즈도 아버지가 "한 그루, 두 그루, 세 그루, 네 그루, 그리고 많이."라고 세는 것을 보고 이상하게 여기지 않았지. 미니즈도 자기 집에 종려나무가 많다고 생각했거든. 다른 사람들? 다른 이집트 사람들도 마찬가지였어.

모두 넷 정도까지밖에 수를 알지 못했단다. 당시의 어떤 지혜로운 사람이라도 모두 마찬가지였어.

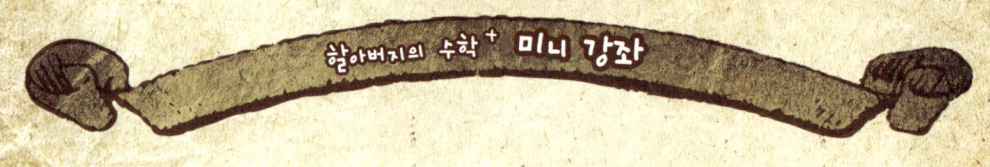

강 주변에서 문명이 생겨난 이유는?

이 세상에 사람들은 언제부터 살기 시작했을까? 과학자들은 사람들이 최초로 무리, 그러니까 사회를 이루어 살기 시작한 것을 기원전 1만에서 2만년 사이라고 말한단다. 그때 최초로 여러 사람들이 모여 살기 위해 필요한 여러 가지 제도를 갖추기 시작한 곳이 티그리스와 유프라테스 강 주변과 나일 강 주변, 인더스 강 주변, 그리고 중국의 황하 주변이란다. 이 네 곳을 학자들은 '고대 4대 문명의 발상지'라고 부르지. 그럼 왜 이 네 곳 모두가 강 주변인지 알고 있니? 앞에서 물이 사람이 사는 데 아주 중요한 것이라는 점은 얘기했었지. 그럼 어떻게 중요할까? 단순히 먹을 물이 필요하다는 점을 말하는 건 아니라는 걸 금방 알겠지? 사람은 물만 먹고는 살 수 없으니까. 그럼 뭘까?

그건 '퇴적'이야. '퇴적'이라는 말은 '쌓인다'라는 뜻이란다. 이 네 강은 물의 양이 풍부하기도 했고 자주 홍수가 일어났었지. 강물 속에 다양한 생명체들의 먹이가 되는 풍부한 무기물질들이 홍수 때마다 넘쳐서 강 주변의 땅을 비옥하게 만들었는데 아주 긴 세월 동안 끊임없이 그러한 일들이 반복된 끝에 이 네 강 주변에는 삼각형 모양의 땅인 삼각주('Δ'라고 쓴단다. 그리스어로 '델타'라고 부르지.)가 형성되었단다. 이곳은 모든 식물들이 자라기에는 더할 나위 없이 풍요로운 땅이었지. 바로 이 비옥한 땅에서 사람들은 큰 규모의 정착 생활을 할 수 있었어. 농사를 지으면서 말이야.

  한 번 상상해보렴. '진'과 '아남', '미니즈'가 뛰어 놀던 그 땅과 더울 땐 첨벙 뛰어들던 그 강을. 바로 그 곳에서 사람들의 역사가 시작되었고, 수학의 역사도 시작된 거란다.

나일 강의 삼각주

1 손가락셈으로부터 시작된 십진법

시간이 흘러 진 왕자는 자라서 임금님이 되었고, 아남은 바빌로니아의 재상이 되었어. 미니즈는 야만족을 물리쳐서 장군이 되었지. 하지만 진 왕자는 둘까지, 아남은 셋까지, 그리고 미니즈도 겨우 넷까지만 셀 수 있었단다. 그 후 또 몇백 년이 흐르자

① 중국에서는 하나, 둘, 둘과 하나, 둘이 두 개, 이렇게 2를 기본으로 해서 수를 세는 법을 배웠지.

② 바빌로니아에서는 양치기 소년들이 1, 2, 3, 3과 1, 3과 2, 3이 2개, 3이 2개와 1 이런 식으로 3을 기본으로 해서 수를 세

는 것을 배웠단다.

③ 이집트의 어린이들은 손가락 5개를 가지고 수를 세는 것이 굉장히 편리하다는 것을 깨달았어. 그래서 1, 2, 3, 4, 5, 5와 1, 5와 2 이런 식으로 5를 바탕으로 해서 수를 세는 것을 생각해 냈어.

진 왕자님이나, 아남과 미니즈가 수를 세던 것과 비교하면 굉장한 발전이지? 하지만 20이 넘는 수는 여전히 '많다'라고만 표현했단다. 다시 몇백 년이 흐른 뒤에야 황하와 나일 강, 그리고 티그리스 강변에서 새로운 진, 아남, 미니즈가 태어났어.

이 소년들은 이제 8을 5와 3이라고 하거나 19를 5가 3개, 그리고 4라고 말하는 것이 귀찮아졌어. 그러던 어느 날 한 쪽 손으로 다섯까지 셀 수 있다면 양손으로는 열까지 셀 수 있다는 것을 깨달았지. 그때부터 열 손가락으로 수를 세는 것이 굉장히 편리하다는 것을 알고 10을 기본으로 하는 십진법으로 수를 세게 된 거야.

Ⅰ Ⅱ Ⅲ
Ⅳ Ⅴ
Ⅹ

집에 있는 시계를 보면 위에 있는 그림처럼 로마자가 쓰인 시계가 있을 거야. Ⅰ, Ⅱ, Ⅲ 같은 것은 모두 손가락 수를 나타낸 거야. 또 Ⅴ는 5를 나타내는데 다른 손가락은 붙이고 엄지손가락만 떨어뜨려서 손을 내민 모양을 본뜬 것이고, 10을 나타내는 Ⅹ는 양손을 겹친 모양이지. 모두 옛날에 손가락을 사용해서 수를 나타냈다는 증거란다.

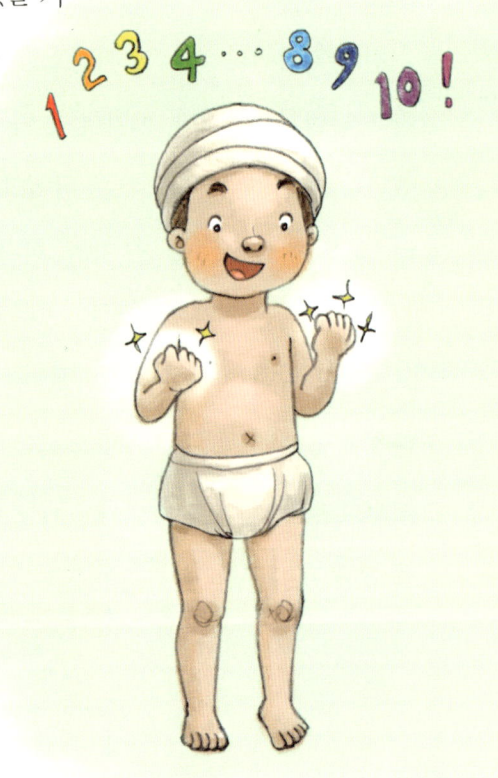

지금도 어린아이들이 모두 손가락을 써서 수를 세거나, 자기 나이를 말하는 것을 본 적이 있지? 어린아이뿐만이 아니라 어른들도 손가락을 쓸 때가 있어. 도매시장에서 물건을 경매할 때 다른 사람에게 보이지 않기 위해서 손가락을 소맷자락에 숨겨서 "이 가격으로 사겠소." 하고 표현하는 것을 본 적이 있을 거야.

거의 옛날 그대로의 문명을 유지하고 있는 원주민들이 수를 세는 방법을 조사해보면 거의 대부분 손가락을 사용한다고 해. 사람들은 손가락을

쓸 수 있게 된 뒤부터는 굉장히 수를 잘 셀 수 있게 되었어. 하지만 지금처럼 손가락을 쓰지 않고 수를 셀 수 있게 되기까지는 아주 오랜 세월이 걸렸단다.

사람들은 처음에는 2 혹은 3 그리고 5 다음은 10을 기본으로 수를 세었어. 그 중에는 발가락까지 써서 20이나 12를 기본으로 수를 세는 사람들도 있었지만, 10을 기본으로 하는 방법이 오늘날까지 남게 되었지.

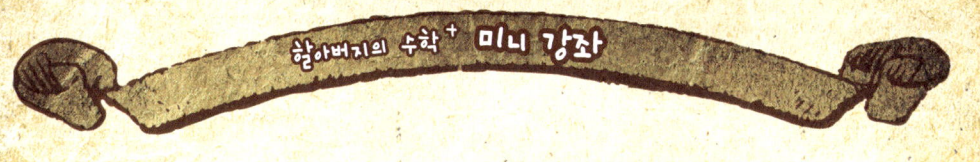

손가락셈이 중요한 이유는?

오늘날 우리가 사용하고 있는 숫자와 계산의 기초는 지금으로부터 약 1500년 전쯤 인도의 북쪽에서 시작되었단다. 하지만 처음부터 완전한 모습을 갖춘 것은 아니었지. 인도인들은 자신들의 기호를 지금으로부터 약 2500년 전부터 약 1000년에 걸쳐 꾸준히 발전시켜 왔단다. 숫자나 셈법이 일정한 형식을 갖추기 전에 사람들은 손가락을 이용하여 셈을 했었어. 하지만 모든 사람들이 손가락을 이용하지는 않았지. 지금도 사람들의 발길이 닿지 않는 원시림 깊숙한 곳에 살고 있는 미개인들 중에는 10보다 작은 수밖에는 셈을 하지 못하는 종족이 있다는구나. 만약 그들이 손가락을 이용하여 셈을 했다면 큰 수의 셈을 할 수 있었겠지만 손가락을 써서 셈을 하지 않았기 때문에 10보다 작은 수만 셈을 할 수 있는 것이란다.

그래서 어떤 인류학자들은 손가락셈을 했는지 또는 하지 않았는지가 문명과 미개를 구분하는 기준이라고 했단다. 그런 의미에서 손가락셈은 매우 중요한 역사적 의미를 갖고 있다고 할 수 있지. 다음 장의 그림은 1500년경 유럽에서 손가락을 사용하여 셈을 할 때 사용했던 방법이야. 이 그림에서 왼쪽의 두 줄은 왼손이고 오른쪽의 두 줄은 오른손을 사용한 것이란다. 너희들도 이런 방법으로 수를 헤아려 보렴.

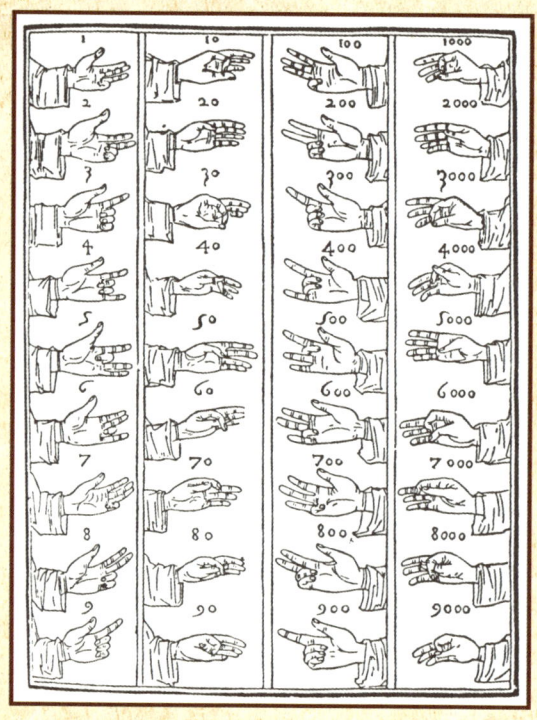

손가락셈

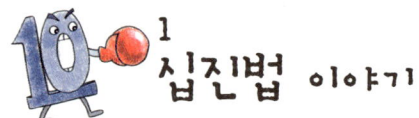

1 십진법 이야기

　오늘날 우리가 사용하고 있는 수는 어떻게 해서 만들어졌을까? 우리가 사용하는 수는 0부터 9까지 10개의 숫자를 가지고, 10을 한 묶음으로 해서 만든 것이란다. 예를 들어 1이 10개 모이면 10이 되고, 10이 또 10개 모이면 100이 되고, 100이 10개면 1000이 되는 식이지. 10과 100 사이의 숫자라도 10이 될 때마다 숫자의 이름이 달라져. 20, 30, 120, 130처럼 말이야. 이렇게 1부터 시작해서 10개가 될 때마다 다른 이름의 수를 만들어가서 점점 큰 수가 되는 것이 바로 십진법이란다.

그러니까 지금 우리가 사용하는 수는 십진법이라는 규칙으로 만들어진 거야. 그럼, 십진법이 아닌 다른 규칙으로 만들어진 수도 있을까?

물론 지금은 아니지만 아주 오랜 옛날에는 있었단다. 십이진법이라든지, 오진법이라든지, 이십진법과 같은 것이 있었어. 그러면 왜 이런 방법은 많이 사용하지 않고 단지 십진법을 주로 사용하는 것일까? 우선은 십진법부터 이야기해 줄게.

아주 어렸을 때 손가락을 써서 계산하던 것 기억나니? 옛날 사람들도 마찬가지로 손가락을 써서 수를 세었단다. 지금부터 수천 년 전에는 글자도 없고 숫자도 없었어. 그래서 사람들은 손가락이나, 돌 혹은 나뭇가지를 사용해서 수를 계산했어. 하지만 가장 편리한 것은 손가락이었지. 손가락을 '자연의 계산기'라고 할 정도니까.

그런데 수가 10 이하일 때는 괜찮지만, 10을 넘어가면 손가락이 모자라잖아? 그래서 10이 넘으면 지금까지 센 것은 가득 찼다고 생각하고 따로 기억해 둬. 그리고 다시 처음부터 수를 세었단다. 그래서 손가락 전체가 수의 단위가 되어서 손 하나, 손 둘, 손 셋 같은 수가 만들어진 거야.

  손가락은 누구나 10개이고 그 손가락을 기본 단위로 수를 세니까 십진법이라는 규칙에 따라 수를 세게 된 거야. 만일 손가락이 8개나 12개였다면 지금처럼 십진법이 아니라 팔진법이나 혹은 십이진법으로 된 수를 쓰고 있을지도 모른단다.

  다시 말하자면 십진법은 0, 1, 2, 3, 4, 5, 6, 7, 8, 9의 10개의 숫자를 사용하여 10씩 모아서 윗자리로 올려 나가는 방법이지. 이를테면 자연수 444는 각 자리의 값이 각각 100, 10, 1인 수니까 자리가 하나씩 올라감에 따라 자리의 값이 10배씩 커진단다. 그래서 같은 숫자 4지만 처음의 4는 100이 4개 있다는 것을 나타내어 400이고, 두 번째 4는 10이 4개니까 40, 마지막 4는 1이 4개니까 4를 나타내지. 그래서 다음과 같이 나타낼 수 있어.

$$444 = 4 \times 100 + 4 \times 10 + 4 \times 1$$

  다른 진법도 십진법과 마찬가지의 방법을 이용한단다. 다만 꼭

찬 수가 10인지, 5인지, 12인지에 따라 십진법, 오진법, 십이진법이라고 다르게 부르지. 이제 오진법에 대해서 알아볼까?

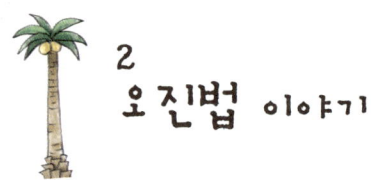

2 오진법 이야기

옛날 사람들이 손가락을 사용해서 수를 세었기 때문에 십진법이 만들어졌다고 했었지? 하지만 지금도 손을 사용하는 사람들이 있단다. 아프리카의 어느 원주민들은 5를 '손 하나'라고 말하고 15를 '손 세 개'라고 말한다고 해. 그래서 나무가 다섯 그루 있으면 그것을 5라고 하지 않고 "나무가 손 하나 있다."고 말한대. 만일 해변에 배가 15척 있으면 그 원주민들은 아마도 "배가 손 세 개 있네."라고 하겠지?

원주민들은 옛 지식을 그대로 간직하고 있는 경우가 많아서 학자들은 원주민들을 대상으로 한 연구를 통해 옛날 사람들이 사용하던 수에 대한 지식을 넓혔단다. 원주민들이 생각하는 수의 의미를 조사해보면, 역시 손가락을 기준으로 삼고 있다는 것을 알 수 있지. 예를 들어 10은 "두 손을 마주 친다.", 6은 "한 쪽 손과 하나"라고 해. 너희들 중에 머리가 좋은 친구는 "아아, 원주민은 손가락을 기준으로 수를 세고 있구나."
라고 바로 알아차리겠지?

나무가 손 하나

너희들이라면 10은 '1이 열 개 모인 것', 6은 '1이 여섯 개 모인 것'이라고 하겠지.

　이렇게 해서 손을 쓰면 10까지 세는 동안 우선 한쪽 손으로만 하는 셈이 생겨. 즉 아직 충분히 지혜가 발달하지 않았을 때는 양쪽 손을 써야하는 10의 묶음보다 한쪽 손, 즉 5의 묶음이 제일 편리하다고 생각을 했겠지. 이렇게 해서 오진법이 생기게 된 거야.

　즉 기본이 되는 숫자는 1에서 4까지이고, 5가 될 때마다 수가 변하는 것이지. 현재 우리가 사용하고 있는 숫자로 오진법의 수를 나타낼 때 1에서 5까지의 수는 십진법과 똑같지만 6은 5 1 … 잠깐, 조심해야 해. '오십 일'이 아니라, '오 일'이라고 읽어야 하거든.

　그럼 7은 어떻게 될까? 그래, 맞아. 5 2(오이), 8은 5 3(오삼), 9는 5 4(오사), 10은 25(이오)가 된단다. 25(이오)는 5가 2개 있다는 뜻으로 마치 우리가 10이 2개 있으면 20이라고 하는 식이야. 이런 오진법이 정말 있었을까? 물론 옛날에는 있었지. 십진법보다 먼저 생겼거나 혹은 같은 시기였을지도 몰라. 앞에서도 말했듯이 처음에는 한 쪽 손으로 수를 세는 것을 당연하게 생각했다는 것을 알 수 있어.

옛날에 오진법을 사용했다는 증거를 살펴볼까?

다음과 같은 글자가 써진 시계를 본 적이 있을 거야.

I Ⅱ Ⅲ Ⅳ Ⅴ Ⅵ Ⅶ Ⅷ Ⅸ Ⅹ

이것은 옛날 로마에서 사용하던 숫자였어. 로마 숫자를 보면 1에서 5까지 숫자가 있고, 5 이상은 5와 1, 5와 2, 5와 3 이라는 식으로 되어 있어. 10이 되면 Ⅹ자를 사용했는데, 이것은 Ⅴ, 즉 5가 2개 있다는 뜻이었지. 이 로마 숫자는 옛날 사람들이 오진법을 사용했던 것을 나타내고 있어.

중앙아메리카(파나마 운하가 있는 지방)에 마야라는 종족이 있었지. 이 종족은 지금부터 4, 500년 전에 지구상에서 사라져 버렸지만, 약 2000년도 더 전부터 뛰어난 수 체계를 가지고 있었어. 그 수 체계는 다음과 같은 숫자를 사용하고 있었단다.

```
 1   2   3    4     5   6   7  ... 10 ... 17
 •   ••  ••• ••••   —   •   ••    =      ≡
                        —   —            =
```

마야 사람들은 숫자를 점과 막대기로 나타냈어. 1부터 4까지는 일정한 모양으로 변하다가 5가 되면서 모양이 전혀 다르게 바뀌지. 이것을 보면 확실히 오진법의 형태가 남아있는 것을 알 수 있어. 마야인은 이십진법을 사용했다고 알려져 있지만, 동시에 위와 같은 오진법을 발견할 수가 있단다. 이외에도 오진법이 사용된 예로는 독일 농부의 달력을 들 수 있지. 1800년경까지도 독일의 농부들은 오진법으로 된 달력을 사용했다는구나.

그런데 앞에서 설명한 십진법과 지금 이야기한 오진법 중에 어느 쪽이 편리할까? 오진법은 1에서 5까지의 숫자만 사용하니까, 숫자를 기억하는 일도, 숫자를 쓰는 일도, 혹은 계산 방법도 5까지만 있으면 충분하겠지? 십진법에 비하면 굉장히 간단해진단다. 예를 들어 곱셈구구를 외운다고 해도, 십진법은 $9 \times 9 = 81$의 9단까지 외워야 하지만, 오진법에서는 $4 \times 4 = 16$으로 4단까지만 외우면 되니까.

　하지만 오진법에서는 숫자의 단위가 너무 작아서 수가 점점 커질수록 표기하기가 복잡해지지. 결국 점점 문명이 발전하자 오진법으로는 계산하기 곤란한 경우가 많아져서 십진법을 사용하게 되었어. 그래서 결국 오늘날에는 십진법이 사용되고 있는 거란다. 마지막으로 오진법으로 하는 재미있는 계산법을 소개할게.

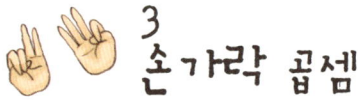 3 손가락 곱셈

그 계산법은 손가락으로 5보다 더 많은 수를 곱하는 데 5단 이상의 구구단을 몰라도 할 수 있는 곱셈이란다. 예를 들어 6×6은 다음 그림처럼 계산해.

처음에 양손을 펼쳐서 엄지손가락부터 손가락을 꼽으면서 6까

지 세어봐. 그렇게 하면 그림처럼 새끼손가락만 하나씩 양쪽 손에 펴져 있고, 나머지 손가락은 구부러지게 되지?

그러면 꼽은 손가락은 네 개씩인데 서로 곱하면 4×4=16이 되지. 그리고 펴진 손가락은 두 개니까 20을 나타내고. 이 20과 아까 곱한 값인 16을 더해서 36이 되는 거야. 어때? 너희들이 외우는 구구단의 6×6=36과 같은 값이 나오지?

그럼 7×6을 계산해볼까?

처음 왼쪽 손을 앞의 그림처럼 마찬가지로 엄지손가락부터 꼽아서 7까지 세어봐. 그러면 그림처럼 손가락 2개가 펴있고 나머지 3개는 꼽아져 있지. 이번에는 오른쪽 차례야. 마찬가지로 6을 세면 그림처럼 손가락 한 개를 펴고, 나머지 네 개는 꼽혀지게 돼. 그러면 꼽은 손가락끼리 곱해서 3×4=12가 되고 서있는 손가락

은 3개니까 30이 되지. 다음으로 30에 아까 곱한 값인 12를 더하면 42가 되는 거야. 구구단의 7×6=42와 마찬가지가 되는 거야.

이제 여러분도 한 번 손가락으로 7×7, 8×8, 9×9, 6×7, 7×9, 8×7을 계산해 볼래?

옛날 로마 사람들도 비슷한 방법으로 곱셈을 했다는 사실이 오래된 문헌에 기록되어 있어. 사람들은 이 방법을 '게으름뱅이의 규칙'이라고 불렀대. 재미있는 이름이지? 왜냐하면 5보다 많은 수의 구구단을 외우지 않아도 곱셈을 할 수 있었기 때문에 게으른

친구들에게는 안성맞춤이었으니까. 그럼 손가락 곱셈의 원리를 알아볼까?

   손가락 곱셈처럼 6×7을 풀어 볼게. 6과 7을 쓰지 않고 곱셈을 하는 거야.

   처음 각각의 수를 10에서 뺀단다. 즉 6=10-4, 7=10-3으로 생각하는 거지. 손가락으로 생각하면 6을 나타내는 쪽 손은 네 개의 손가락이, 7을 나타내는 손은 세 개의 손가락이 꼽혀있고, 각각 1개와 2개가 펴져 있지.

   이제 6×7=(10-4)×(10-3)을 계산하면

   (10-4)×(10-3)=10×10-10×4-10×3+12가 되지.

   여기서 10을 괄호로 묶으면 10×{10-(4+3)}+12가 된단다.

   여기서 {10-(4+3)}=3이고, 3은 바로 펴진 손가락의 개수란다. 여기에 10을 곱하면 30이 되지. 그리고 꼽은 손가락의 개수 4와 3의 곱 12를 더하면 42가 되지.

   즉, 12는 굽어진 손가락 4와 3을 곱한 수를 가리킨단다.

조금 복잡하지만 손가락 셈은 다음과 같이 정리할 수 있어.

❶ 10보다 작은 두 수를 곱할 때는 10에서 각 수를 뺀다.
❷ 빼서 얻은 두 수를 곱한다.
❸ 빼서 얻은 두 수의 합을 10에서 빼고, 다시 10을 곱한다.
❹ ❷와 ❸에서 얻은 결과를 더한다.

그러면 이 규칙에 따라 8×9를 계산해 볼까?

❶ 10에서 8과 9를 빼면 2와 1이 된다.

❷ 2와 1을 곱하면 2가 된다.

❸ 나머지 2와 1을 더한 3을 10에서 빼면 7이 되고 다시 10을 곱하면 70이 된다.

❹ 그리고 앞의 곱한 2를 더하면 72가 된다.

어때? '$8 \times 9 = 72$'와 같은 답이 나오지? 그럼 너희들도 이 규칙을 써서 8×6의 계산을 한 번 해볼래?

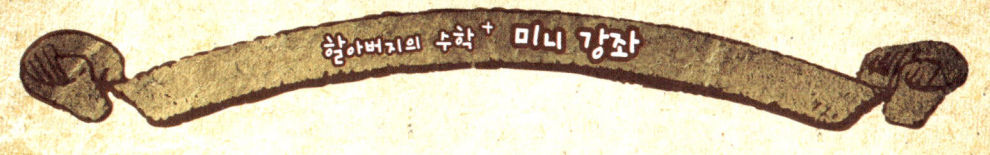

우리 고유의 수사는 어떻게 만들어졌을까?

　1부터 10까지의 수를 세는 우리나라 고유의 수사는 하나, 둘, 셋, 넷, 다섯, 여섯, 일곱, 여덟, 아홉, 열이란다. 그렇다면 우리는 언제부터 어떤 이유로 이와 같은 수사를 사용한 것일까? 여기에 대해서 정확하게 알려진 것은 없어. 하지만 다음과 같이 설명하기도 해. '하나'는 태양과 같은 말인 해의 옛말 히(日), '둘'은 달(月)의 옛말인 돌, '셋'은 설(年)에서 비롯되었다는 거지. 하지만 이것은 정확하지 않아.

　'다섯'과 '열'은 옛날에 우주 선조들도 손가락셈을 했다는 흔적을 보여주는 말이란다. 우선 '다섯'은, 손가락을 하나씩 꼽으면서 셈을 하다보면 다섯 번째에는 손가락이 모두 '닫힌다'는 뜻에서 비롯되었다는 거야. 한편 '열'은 닫힌 손가락을 하나씩 펴다가 마침내 10이 되면 모두 '열리기'가 되는데, 여기에서 유래를 찾을 수 있지.

　물론 언어학적으로 보다 엄격하게 조사되어야 하겠지만, 이런 말들은 우리 선조들이 오랜 세월 손가락셈을 해 왔다는 증거라고 볼 수 있단다.

여러 시대와 문화권의 수 표기법 비교

현대	1	2	3	4	5	6	7	8	9	10	11	12	13
고대 바빌로니아	▼	▼▼	▼▼▼	▼▼▼▼	▼▼▼	▼▼▼	▼▼▼	▼▼▼	▼▼▼	◁	◁▼	◁▼▼	◁▼▼▼
고대 중국	一	二	三	四	五	六	七	八	九	十	土	圭	圭
고대 그리스	A	B	Γ	Δ	E	F	Z	H	Θ	I	IA	IB	IΓ
고대 이집트	l	ll	lll	llll	lll ll	lll lll	llll lll	llll llll	llll llll l	∩	∩l	∩ll	∩lll
고대 로마	I	II	III	IV	V	VI	VII	VIII	IX	X	XI	XII	XIII
마야	•	••	•••	••••	─	·⎯	··⎯	···⎯	····⎯	⎯⎯	·⎯⎯	··⎯⎯	···⎯⎯
인도 (11세기)	୧	૨	३	૪	५	६	७	८	९	૧૦	૧૧	૧૨	૧૩
컴퓨터 2진법	1	10	11	100	101	110	111	1000	1001	1010	1011	1100	1101

제4장

십진법과 십이진법이 겨룬 이야기

1 진법의 마지막 승자, 십진법

옛날 서양 사람들은 오진법, 십진법과 함께 십이진법도 사용했단다. 십진법은 0에서 9까지의 숫자를 기본으로 10이 될 때마다 숫자가 변하는 규칙이었지? 하지만 십이진법은 0에서 11까지의 숫자를 기본으로, 12가 될 때마다 숫자가 변하는 규칙이야.

이를테면 10=A, 11=B라 하면 십이진법에 사용되는 기본적인 숫자는 0, 1, 2, 3, 4, 5, 6, 7, 8, 9, A, B의 12개가 되지. 십진법에서 0, 1, 2, ……, 8, 9 다음에 오는 수가 10이듯이 십이진법에서도 0, 1, ……, 9, A, B 다음에 오는 수가 10이 되지. 또 십진법에서 10이 10개 모이면 100이 되는 것과 같이 12가 12개 모이면 100이 된단다. 그런데 십이진법의 수 100은 우리가 사용하고 있는 십진법의 수 100과는 다르단다. 우리가 사용하고 있는 십진법의 수 100은 $100 = 10 \times 10$이지만 십이진법에서는 $100 = 12 \times 12$란다. 예를 들어 십진법으로 나타낸 수 22를 십이진법으로 나타내 볼까? $22 = 12 + 10$인데 십이진법에서 12는 10과 같고 십진법의 수 10은 십이진법에서는 A이므로 $22 = 12 + 10 = 10 + A = 1A$가 된단다.

다음 표는 몇 개의 십진법의 수를 십이진법으로 나타낸 것이란다. 여기서 주의해야 하는 것은 십진법의 수 12는 십이진법에서 10이 되고, 십진법의 수 10과 11은 각각 십이진법에서 A와 B가 된다는 거야.

십진법의 수	12=12+0	22=12+10	35=2×12+11	131=10×12+11
십이진법의 수	10	1A	2B	AB

십이진법이 어렵고 신기하게 느껴지는건 우리가 이미 십진법에

익숙하기 때문이야. 처음부터 십이진법을 배웠다면 그렇게 어렵지 않았을 거야. 십진법은 10씩 묶는 것이고 십이진법은 12씩 묶는 것이 다른 점이지.

약 2000년 전 로마 사람들은 돈의 양이나 길이, 넓이, 부피, 무게 등을 잴 때 십이진법을 사용했다고 해. 그 흔적이 아직도 우리 생활 속에 남아 있단다.

우리가 보통 연필 한 다스를 산다고 할 때 그 '다스'는 연필 12자루를 하나로 묶은 단위야. 12다스가 모이면 1그로스(gross)라고 하고. 또 텔레비전 화면 크기나 엄마의 허리 둘레를 나타낼 때 인치(inch)라는 단위를 쓰지? 서양 사람들은 키를 잴 때 피트(feet)라는 단위를 사용하는데 그때 1피트는 바로 12인치를 가리킨단다. 금이나 보석의 무게를 잴 때 사용하는 파운드(pound)도 마찬가지야. 1파운드는 12온스가 모인 거야. 그리고 지금은 바뀌었지만 옛날 영국에서는 돈을 셀 때도 십이진법이 사용되었어. 1페니(penny)가 12개 모인 것을 1실링(shilling)이라고 했었단다. 우리나라에서 1원이 10개 모여 10원, 10원이 10개 모여 100원이

되는 것과 같은 이치야. 십이진법은 특히 영국에서 많이 사용되고 있어.

우리나라에서도 오래 전부터 십이진법이 사용되어 왔단다. 우리나라에서 연도를 말할 때 숫자로 2008년이라고도 하고 무자년이라고도 하지? 이때 무자년은 쥐의 해인데, 누구든지 자기의 띠가 있을 거야. 우리가 태어난 해를 12가지 동물로 나누는 이것도 십이진법을 사용한 것이란다. 또 1년은 12달이고, 시계에 나타나 있는 숫자는 1부터 12까지가 있지.

그럼 십이진법과 십진법 중에서 어느 쪽이 먼저 생겨났을까? 처음 사람들이 수를 세거나 계산할 때 자기 손가락을 가지고 했기 때문에 당연히 십진법이 먼저 생겨났어. 또 십이진법은 십진법처럼 자연스럽게 탄생한 것이 아니라, 사람들의 지혜가 발달하면서 생겨난 거란다.

십진법이 있는데 왜 또 십이진법을 사용했을까? 숫자 10과 12를 비교하면 그 이유를 알 수 있단다.

그런데 그 이유를 알기 위해서는 먼저 어떤 수의 약수에 대해 알아야 해. 간단히 말해서 어떤 수의 약수는 그 수를 나누어 떨어뜨릴 수 있는 수를 말하지. 혹시 눈치 챘을지 모르지만 1은 어떤 수든지 나누어 떨어뜨릴 수 있지. 그래서 1은 모든 수의 약수란다. 또 자기 자신은 자기 자신으로 나누어 떨어지기 때문에 자신은 자기 자신의 약수가 되지. 예를 들어 10을 나누어 떨어뜨릴 수 있는 수로는 1과 자신인 10 이외에 2와 5가 있고, 12를 나누어 떨어뜨릴 수 있는 수로는 1과 자신인 12 이외에 2, 3, 4, 6이 있지. 정리하자면 10의 약수로는 1, 2, 5, 10이 있고, 12의 약수로는 1, 2, 3, 4, 6, 12가 있단다.

약수가 많으면 많을수록 수학적으로 훨씬 편리하단다. 무슨 말이냐고?

예를 들어 어떤 수를 2, 3, 4, 5, 6 등으로 나눌 경우가 있다고 쳐보자. 3으로는 10을 나누어 떨어뜨릴 수 없지만 12는 나누어 떨어뜨릴 수 있지? 또 4도 마찬가지로 10은 나누어 떨어뜨릴 수 없지만 12는 나누어 떨어뜨릴 수 있어. 결국 나누어 떨어뜨리지 못하면 복잡한 소수 계산을 해야 하는 거지. 하지만 나누어 떨어진다면 분수나 소수를 간단히 계산할 수 있게 되는 거야. 결국 약수가 적은 10을 묶음으로 하는 십진법보다는 12를 묶음으로 하는 십이진법이 소수의 복잡한 계산을 피하는데 훨씬 유용한 거지. 또 십이진법을 사용하면 소수로 나타낼 수 있는 분수의 가짓수가 십진법의 경우보다 많단다. 실제로 0과 1 사이를 10등분하면

$$0.1, 0.2, 0.3, \cdots\cdots, 0.9, 1$$

을 만들 수 있고 등분된 각각의 작은 구간을 다시 10등분하면

$$0.01, 0.02, \cdots\cdots, 0.09, 0.1$$

을 얻을 수 있지? 이와 같은 방법으로 계속해 나가면 우리는 분수로 표현된 수를 소수로 고칠 수 있게 돼. 그렇지만 불행하게도 이런 식의 분해는 간단한 소수인 $\frac{1}{3}$ 조차도 나타낼 수 없단다. 그 이유는 3은 10의 약수가 아니기 때문이야. 그러나 0과 1 구간을 12등분하여 나타내면 $\frac{1}{3}$ 과

같은 분수를 소수로 쉽게 나타낼 수 있지.

　옛날 로마 사람들이 십이진법을 사용했던 것도 10개로 나누는 것보다 12개로 나누는 편이 훨씬 편리하기 때문이었단다.

　우리는 십진법을 오랫동안 써 왔기 때문에 훨씬 더 익숙하지만, 실제로 앞에서 얘기한 것과 같이 복잡한 소수 계산을 피하기 위해서는 십이진법이 더 편리해. 스웨덴의 국왕인 찰스 12세도 그 사실을 알고 있었지. 그래서 국민들에게 그때까지 쓰던 십진법을 버리고 십이진법을 쓰도록 강요했단다. 하지만 아무도 십이진법을 쓰려고 하지 않았고, 결국 지금 십이진법을 쓰는 나라는 아무데도 없어.

그럼, 왜 수학적으로 편리한 십이진법을 놔두고 십진법을 쓸까? 그 이유는 십이진법이 나타났을 때는 이미 사람들이 십진법을 사용하고 있었기 때문이야. 이미 머릿속에 십진법이 자리 잡고 있었기 때문에 새롭게 십이진법을 받아들이기 어려웠겠지. 만일 사람들이 10이라는 수를 확실하게 모르고 6이나 7정도까지밖에 몰랐다면 훨씬 쉽게 십이진법을 배울 수 있었겠지만, 때는 이미 늦었지. 습관이란 이렇게 무서운 거야. 만일 사람 손가락이 10개가 아니라 12개였다면 지금쯤 우리는 십이진법으로 된 수와 수학을 배우고 있었을지도 몰라.

자, 지금까지 오진법, 십진법, 십이진법처럼 여러 가지 수에 대한 규칙을 이야기했어. 그 외에도 이진법, 이십진법, 60진법 같은 것도 있단다. 하지만 결국 이 방법들을 모두 이긴 최후의 승리자는 바로 우리가 지금 쓰고 있는 십진법이야.

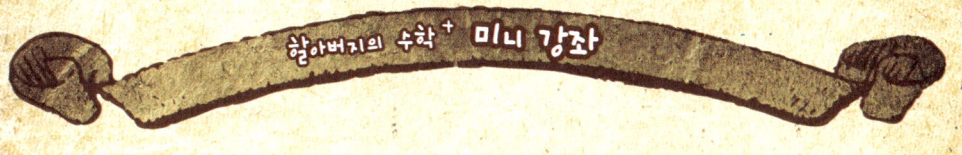

이진법으로 숫자를 표시하는 방법은?

수를 표현하는 기수법 중 가장 간단한 방법은 이진법이란다. 이진법은 0과 1만을 사용하여 수를 나타내는 방법이야. 십진법은 자리가 하나씩 올라감에 따라 자릿값이 10배씩 커지지. 이와 마찬가지로 이진법은 자리가 하나씩 올라감에 따라 자릿값이 2배씩 커진단다. 이를테면 347을 십진법으로는 다음과 같이 나타낼 수 있지.

$$347 = 3 \times (10 \times 10) + 4 \times 10 + 7 \times 1$$

그런데 십진법으로 나타낸 수 21을 자릿값에 따라 2배씩 커지게 나타내면 다음과 같아.

$21 = (1 \times 2^4) + (0 \times 2^3) + (1 \times 2^2) + (0 \times 2^1) + (1 \times 2^0)$

$ = [1 \times (2 \times 2 \times 2 \times 2)] + [0 \times (2 \times 2 \times 2)] + [1 \times (2 \times 2)] + [0 \times 2] + [1 \times 1]$

$ = 16 + 0 + 4 + 0 + 1$

$ = 21$

여기에서 2^4, 2^3, 2^2, 2^1, 2^0의 조그만 숫자 4, 3, 2, 1, 0은 각각 4번, 3번, 2번, 1번, 0번을 곱한다는 표시야. 또 그 숫자는 자릿수를 나타내기도 하지.

그러니까 2^4는 이진법에 있어서 네 번째 자릿수를 말하는 거지. 십진법의 네 자릿수에 해당하는 것은 10,000이야.

그래서 21을 이진법으로 나타내면 다음과 같단다.

$$21 = 10101_{(2)}$$

여기서 숫자 밑에 (2)를 쓴 것은 이것이 이진법이라는 뜻이란다.

그런데 이렇게 간단한 이진법을 어디에 사용할까?

맞아. 바로 컴퓨터에 사용돼. 전기가 통하는 경우는 1(on), 전기가 통하지 않는 경우는 0(off)으로 표시하여 컴퓨터를 움직인단다. 너희들이 재미있는 컴퓨터게임을 할 수 있는 것도 모두 이진법이 있기 때문이지. 다음은 십진수 1부터 20까지를 이진법으로 표현한 것이란다. 십진법과 비교해 보면 이진법이 더 잘 이해될 거야.

십진수	이진수	십진수	이진수	십진수	이진수	십진수	이진수
1	1	6	110	11	1011	16(2^4)	10000
2(2^1)	10	7	111	12	1100	17	10001
3	11	8(2^3)	1000	13	1101	18	10010
4(2^2)	100	9	1001	14	1110	19	10011
5	101	10	1010	15	1111	20	10100

제5장

수를 세는 방법은 어떻게 바뀌어 왔을까?

1 옛날에는 어떻게 수를 세었을까?

초등학교에 입학해서 처음으로 수학 공부를 할 때, 제일 먼저 무엇을 했는지 기억나니?

바둑알이나 구슬을 가지고 하나, 둘, 셋, 넷, 다섯, 여섯, 일곱, 여덟, 아홉, 열 이렇게 수를 세는 방법을 배웠을 거야. 또 다른 방법도 있었지? 일, 이, 삼, 사, 오, 육, 칠, 팔, 구, 십이라고 세는 방법이었지. 우리나라에는 수를 세는 방법이 이렇게 두 가지가 있단다. 어른들은 어떤 물건의 개수를 셀 때 어떤 방법을 많이 사용할까? 아마 하나, 둘, 셋, ……이라고 세는 방법을 더 많이 쓸 거야.

왜 귀찮게 두 가지 방법으로 수를 셀까? 한 가지만 하면 좋을 텐데, 옛날 우리 조상들도 두 가지 방법을 모두 썼을까, 궁금하지?

그럼 옛날 우리 조상들은 어떻게 수를 세었는지 알려 줄게.

우리나라는 예로부터 십진법을 사용했었고, 우리 조상들에게는 수를 말하는 고유한 표현법이 있었는데 그것은 순수한 우리나라 말로 다음과 같은 것들이야.

1 : 하나,　2 : 둘,　　3 : 셋,　　4 : 넷,　　5 : 다섯,
6 : 여섯,　7 : 일곱,　8 : 여덟,　9 : 아홉,　10 : 열,
20 : 스물,　30 : 서른,　40 : 마흔,　50 : 쉰,
60 : 예순,　70 : 일흔,　80 : 여든,　90 : 아흔,
100 : 온,　1000 : 즈믄,　10,000 : 골,　100,000,000 : 잘

예를 들어 28은 '스물여덟', 463은 '네온예순셋' 이였지. 그런데 하나부터 아흔아홉까지는 지금도 많이 사용되고 있지만 100이

상의 표현 방법인 온, 즈믄, 골, 잘 등은 사용하고 있지 않단다. 우리 조상들이 사용하던 이런 말 대신에 지금은 각각 한자어인 백, 천, 만, 억으로 바뀌었지. 하지만 하나부터 아흔아홉까지는 지금도 많이 사용되고 있지. 예를 들어 나이가 45살인 경우 '마흔다섯

살' 이라고 하지. 또 날짜를 말할 때도 사용되고 있단다. 그런데 이 경우는 약간 다르게 사용하기도 하지. 이를 테면 1일은 하루, 2일은 이틀, 3일은 사흘, 4일을 나흘, 5일을 닷새, 6일을 엿새, 7일을 이레, 8일을 여드레, 9일을 아흐레, 10일을 열흘이라고 하지.

 어쨌든 하나, 둘, 셋, 넷과 같은 수를 세는 방법은 우리 조상들이 옛날부터 해온 방법이기 때문에 제일 먼저 배우게 되는 거란다.

2 중국에서 건너온 수 세기 방법

우리 조상들이 쓰셨던 '하나, 둘, 셋, 넷, 다섯, ……, 스물, 서른, 마흔, ……, 아흔' 과 같은 방법은 수가 커지면 불편하단다. 예를 들어 54763이 '다섯골 네즈믄 일곱온 예순 셋' 이 되는 것처럼 말이야.

그래서 우리 조상들은 어떻게 하면 좀 더 편하게 수를 셀 수 있을까를 늘 궁리하셨지.

그러던 중 이웃 나라 중국과 교류를 시작하면서 여러 가지 문물을 받아들이게 되었어. 그때 중국에서 한자를 읽고 쓰는 방법도 함께 배워 왔단다.

  지금 우리가 일, 이, 삼, 사, 오라고 세는 방법은 원래 우리말이 아니야. 중국에서 배워온 수 세기 방법이란다.

  우리말과 비교하면 발음이 간단하기 때문에 훨씬 편리해. 그래서 우리 조상들도 이 방법을 쓰게 되었단다. 이 방법으로 수를 세면 십, 백, 천, 만, 억 등 아무리 큰 수라도 간단하게 발음할 수 있고, 복잡한 계산을 할 때는 정말 편리하지.

  현재 우리가 사용하고 있는 수의 단위는 중국에서 비롯된 것으로 다음과 같은 것이 있단다.

일(一, 10^0), 십(十, 10^1), 백(百, $100=10^2$), 천(千, $1000=10^3$),

만(萬, $10000=10^4$), 억(億, $100000000=10^8$), 조(兆, 10^{12}),

경(京, 10^{16}), 해(垓, 10^{20}), 자(秄, 10^{24}), 양(穰, 10^{28}), 구(溝, 10^{32}),

간(澗, 10^{36}), 정(正, 10^{40}), 재(載, 10^{44}), 극(極, 10^{48}),

항하사(恒河沙, 10^{52}), 아승기(阿僧祇, 10^{56}), 나유타(那由他, 10^{60}),

불가사의(不可思議, 10^{64}), 무량대수(無量大數, 10^{68})

이 중 항하사에서 항하란 인도의 인더스 강을 한자로 표현한 것이야. 따라서 항하사는 항하의 모래알의 수를 나타낸단다. 또 항하사보다 큰 단위는 모두 불교 경전에 나오는 말들로 아승기는 아승지라고도 불렸고, 아주 오랜 시간을 나타내는 말로 '아승기 겁'이란 말이 있지. 불가사의는 '상식으로는 도저히 생각할 수 없는 것' 또는 '이상한 것'을 의미해. 또한 무량대수는 두 개로 나누어 무량(無量)을 10^{68}, 대수(大數)를 10^{72}이라고 쓰는 경우도 있지. 그런데 불교 경전에 이런 엄청난 수가 등장하는 이유는 무엇일까? 그것은 아마도 인간의 무지를 깨우쳐주기 위해서인 것 같구나. 즉 인간세계는 무궁한 우주에 비하면 아무 것도 아니므로, 인간이 아무리 큰 수를 생각하여도 그 보다 더 큰 수가 있다는 것을 깨우쳐주기 위함이 아닐까?

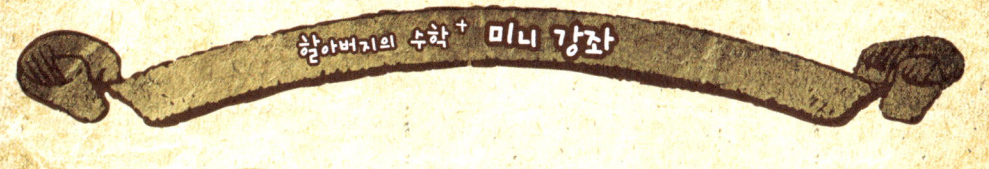

가장 큰 수는 무엇?

세상에서 가장 큰 숫자는 뭘까? 잠깐 여기서 수나 숫자라는 게 뭘 말하는 건지 한 번 더 생각해 보지 않을래? 우리가 매일매일 쓰는 숫자는 어떤 것일까? 1, 2, 3, 4, 5, ……, 100, ……, 1,000, ……, 10,000, ……. 이런 숫자들은 셀 수가 있지. 숫자를 이해하기 위해서는 그것이 셀 수 있는가 아닌가를 아는 것도 아주 중요하단다. 현재 우리나라 인구수는 몇 명일까? 2007년 통계로는 49,024,737명. 그럼 지금쯤은 5천만이 넘을 수도 있겠네. 이런 숫자는 셀 수 있지. 가령 우리나라의 모든 사람들을 하늘만큼 큰 운동장에 한꺼번에 한 줄로 세워 놓고 처음부터 끝까지 세는 거야. 시간이 정말 많이 걸리겠지만, 그래도 셀 수 있는 건 셀 수 있는거지. 이렇게 셀 수 있는 숫자들 중에서 가장 큰 수로 '구골(Gogol)'과 '구골플렉스(Gogolplex)'라는 게 있단다. 구골을 처음 생각한 친구는 너희들과 비슷한 9살짜리 소년 밀턴(Milton Sirotta)이야. 밀턴은 구골을 "1 다음에 0을 손이 아파서 더 이상 쓸 수 없을 정도로 붙인" 숫자라고 표현했다지? 구골은 10의 100제곱(10^{100})이고, 구골플렉스는 10의 구골제곱($10^{10^{100}}$)이야. 구골과 구골플렉스는 하늘과 땅의 차이라고 말할 수 있을 정도로 어마어마한 차이를 가지고 있단다. 하지만 이것들도 모두 셀 수 있는 숫자지. 쓰다가 손이 아파서 마비가 될 정도가 되더라도 쓸 수는 있어.

하지만 셀 수 없는, 쓸 수 없을 정도로 큰 숫자는 없단다. 그 수를 표현하는 말만 있지. 그것이 '무한', '무한대'야. '없을 무(無)'와 '끝 한(限)' 두 개의 한자로 이루어진 이 '무한'은 말 그대로 끝이 없다는 뜻이지. 끝이 없다면 과연 셀 수 있을까? 상상해보렴. 끝도 없이 이어진 0의 행렬을. 좀 어지럽지 않니? 무한대를 수학 기호로는 ∞로 표현하고 있어. ∞라는 기호를 보면 마치 뫼비우스의 띠처럼 계속 순환하는 느낌이 들지는 않니?

여기서 질문 하나 할게. '무한'한 것으로 무엇이 있을까?

10 000 000 000 000 000
000 000 000 000 000 000
000 000 000 000 000 000
000 000 000 000 000 000
000 000 000 000 000 000
000 000 000 000

$= 10^{100}$ 구골

제6장
비례의 신 탈레스

1 탈레스의 비례 실험

세계 지도에서 유럽 대륙을 보면 이탈리아 서쪽에 발칸 반도라는 곳이 있어. 그리스는 이 반도 앞쪽에 자리 잡고 있지. 지도에서 보면 굉장히 작은 나라지만, 2500년 전부터 학문과 사상이 발달했고 위대한 학자가 많이 태어난 곳이야. 오늘날 학문과 사상을 연구하는 사람들이 그 시대 사람들이 저술한 책이나 사상을 공부하는 것을 보면 얼마나 학문이 발달했었는지, 또 얼마나 뛰어난 학자들이었는지 알 수 있어. 그 중에서도 수학으로 유명한 사람을 꼽는다면 피타고라스, 유클리드, 플라톤, 아르키메데스 그리고 지

금부터 이야기 할 탈레스를 꼽을 수 있을 거야.

탈레스는 수학을 연구하고 그리스 수학의 기초를 세운 사람이지. 그는 또 훌륭한 천문학자이기도 했단다.

탈레스는 지금부터 약 2500년 전, 당시 그리스의 식민지였던 이오니아 지방에 밀레투스라는 작은 마을에서 태어났지. 부모님과 어린 시절에 대해서는 그다지 알려진 바가 없지만, 자라서는 토목 기술자로 강의 제방을 쌓기도 하고, 상인이 되어 소금과 기름을 전국 각지에 팔러 다니기도 했단다.

어느 날 장사를 위해 탈레스는 아프리카 북부의 이집트로 가게 되었어. 그는 이집트에 오랜 기간 머물면서 어느 사원의 승려와 친한 사이가 되었단다. 그리고 그 승려에게 이집트의 여러 가지 학문을 배우게 되었지. 그러다가 탈레스는 그 사원에 대단히 진귀한 보물이 있다는 소문을 듣게 되었어. 원래부터 학문을 좋아하고 탐구심이 강한 탈레스는 그 귀한 보물이 무엇인지 알고 싶어 견딜 수가 없었지. 그래서 평소 친하게 지내던 승려에게 부탁했지만 단번에 거절당했단다. 하지만 탈레스의 열의에 감동한 승려는 결국 그 진귀한 보물을 보여주었지. 그 보물이란 다름 아닌 대대로 이집트에 전해오던 천문학과 수학에 관한 책이었단다.

이집트는 당시 세계에서 가장 문명이 발전한 나라였어. 특히 수학과 천문학에 대한 연구는 어느 나라보다 앞서 있었기 때문에 학문을 하려는 사람은 모두 이집트로 모여 들 정도였던 거지.

당시 이집트에서 승려들은 사회적으로 신분이 높고 학식이 뛰어난 계급이었어. 승려들은 왕이라고 하더라도 함부로 대할 수 없는 존재였지. 앞선 학문을 배우러 이집트에 온 사람은 모두 사원의 승려를 스승으로 삼아 여러 가지 문물을 배워 자기 나라로 돌아갔단다.

귀중한 책을 손에 넣은 탈레스는 그 책을 읽고 수학이란 학문에 재미를 느끼게 되었어. 그날 이후 그는 수학을 연구하게 되었는데 밥도 안 먹고 책만 볼 정도로 열심이었대.

탈레스는 책에서 얻은 지식을 바탕으로 비례의 법칙을 발견했단다. 비례의 법칙을 알기 위해서는 먼저 비례식을 알아야 해. 예를 들어 설명할 게. 빵 2개를 만드는 데 달걀이 3개 필요하다고 하자. 빵 4개 만드는 데에는 달걀이 몇 개 필요할까? 이 경우 우선 달걀 개수에 대한 빵 개수의 비의 값을 알아야 해. 달걀 3개에 대한 빵 2개의 비의 값은 2:3이지. 그렇다면 빵 4개를 만들려면 2:3이라는 비례식을 만족하는 달걀 개수를 알면 되겠지? 달걀은

6개가 필요하게 된단다. 즉 2:3=4:6으로 두 비의 값이 같게 되는 6을 구할 수 있지. 이와 같이 비의 값이 같은 두 비를 2:3=4:6과 같은 등식으로 나타낸 식을 비례식이라고 하지.

비 2:3에서 2와 3을 비의 항이라고 하고, 앞에 있는 2를 전항, 뒤에 있는 3을 후항이라고 한단다. 그리고 비례식 2:3=4:6에서 바깥쪽에 있는 두 항 2와 6을 외항이라고 하고 안쪽에 있는 두 항 3과 4를 내항이라고 한단다. 여기서 탈레스가 사용한 비례의 법칙이란 '외항의 곱은 내항의 곱과 같다.'라는 것이지. 즉 2:3=4:6에서 2×6=3×4임을 이용한 것이란다.

2:3
전항 후항

2:3=4:6
외항
내항

'내항의 곱은 외항의 곱과 같다.'
3×4 = 2×6

탈레스와 비례의 법칙에 관해 유명한 일화가 있어. 그는 이 비례의 법칙을 이용해서 피라미드 높이가 얼마나 되는지 측정했다고 해.

이집트의 가장 유명한 것 중 하나인 피라미드는 높이가 수백 미터나 되는 것도 있단다. 탈레스가 이집트로 갔던 때도 피라미드가 많이 건설되었기 때문에 아마 제일 먼저 이 피라미드가 눈에 들어왔을 거야. 특히 피라미드의 모양이 삼각형이었기 때문에 더욱 눈에 띄었을지도 모르지.

탈레스는 바로 이 피라미드의 높이를 측정한 거야. 지금이야 측량기가 있으니까 정확한 높이를 잴 수가 있지만 탈레스는 짧은 막대 하나만으로 피라미드의 높이를 측정했단다. 거대한 피라미드의 높이를 나무 막대 하나로 재다니 정말 신기하지? 탈레스가 어떻게 피라미드의 높이를 쟀는지 살펴볼까?

맑은 날 태양이 피라미드를 비추면 땅에 그림자가 생기지. 그때 탈레스는 짧은 막대 하나를 피라미드에서 조금 떨어진 땅에 세우고 막대의 그림자의 길이를 측정하여 피라미드의 높이를 측정했단다. 같은 시각에 햇빛이 같은 각도로 물체를 비춘다는 것을 이용한 것인데 예를 들어 설명해 볼게. 피라미드의 그림자를

200m라고 하고 길이가 1m인 막대의 그림자를 측정했더니 2m이면 두 그림자의 비율은 200:2가 되지. 이 비율은 실제 피라미드 높이와 막대기의 높이 사이의 비율과 같아. 그래서 피라미드의 높이를 x라고 하면 다음과 같은 비례식이 완성된단다.

피라미드 그림자 : 막대 그림자 = 피라미드의 높이 : 막대의 높이
200 : 2 = x : 1

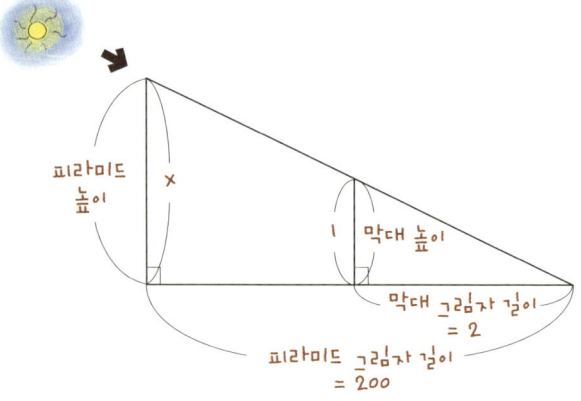

내항의 곱과 외항의 곱이 같으므로 2x = 200 즉, x = 100이지.

탈레스는 "피라미드의 그림자 길이는 똑바로 서 있는 막대 그림자 길이에 비례한다."는 법칙을 발견하고 이것을 실제로 응용해

피라미드의 높이를 구한 거란다. 이 비례의 법칙을 알면 여러 가지 높이를 잴 수가 있지. 숲 속 나무의 높이도 나무 막대 하나로 잴 수 있는 거야.

이 사실을 전해들은 이집트 왕은 탈레스의 뛰어난 능력에 감탄했다고 해.

"그리스의 장사꾼에 불과한 탈레스가 짧은 막대 하나만으로 피라미드 그림자와 막대 그림자의 비율이 똑같다는 사실을 알아내다니 정말 놀랍기 그지없구나!"

물론 이전에도 피라미드의 그림자를 본 사람은 많았지만 그림자를 가지고 비례의 법칙을 발견한 사람은 탈레스가 처음이었단다. 모두가 볼 수 있는 현상에서 어떤 법칙을 발견했다는 사실이 탈레스의 위대한 점이야. 실제로 탈레스는 처음으로 비례 법칙의 원리를 생각해 냈기 때문에 '비례의 신'이라고 불린단다.

탈레스는 이집트에서 돌아온 뒤로는 장사도 그만두고 수학 연구에만 몰두했단다. 그리고 수학 선생님이 되어서 이집트에서 배우고 정리한 많은 수학 지식을 제자들에게 가르쳤어. 덕분에 그리스에서는 수학의 연구, 특히 삼각형, 사각형, 원 같은 도형을 연구하는 기하학이 크게 발달하게 되었단다.

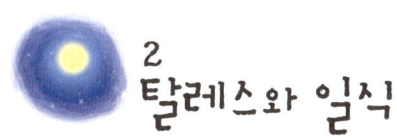
2 탈레스와 일식

 탈레스는 천문학자로도 굉장히 유명했단다. 이집트에 있을 때 천문 그러니까 태양과 달과 별에 대해서도 배웠던 거야. 당시 이집트에서는 천문학에 대한 연구가 무척 발달했기 때문에 탈레스도 별에 대해 흥미를 가지고 열심히 공부하게 된 거지.

 당시 탈레스는 이미 지구가 둥글다는 사실을 알고 있었고, 일 년이 365와 $\frac{1}{4}$일이라는 것도 알고 있었어. 또한 일식과 월식이 어떻게 일어나는지도 알았단다.

 하지만 탈레스가 천문학자로 이름을 떨친 것은 단순히 그런 사실을 알았기 때문이 아니야. 탈레스가 유명해진 것은 일식을 예언했기 때문이었지.

그는 일식의 주기를 여러 가지 방법으로 계산해서 밀레투스의 시민들에게 다음과 같이 예언했단다.

"기원전 588년 5월 28일에는 달이 태양을 가려 태양이 없어질 것이다. 그리고 전쟁이 끝날 것이다."

이 소리를 들은 시민들은 탈레스를 거짓말로 세상을 혼란시키는 사기꾼이라고 욕하기까지 했단다.

하지만 정말로 예언한 날이 되자 달이 태양을 가리는 일식이 일어났어. 탈레스의 예언이 맞은 거지. 그제서야 사람들은 그의 말을 믿게 되었단다.

또 당시 미디아와 레디아가 전쟁을 벌이고 있었는데, 한창 전투 중에 한밤중처럼 캄캄해진 거야. 양쪽 나라에서는 이것을 보고 신이 노한 것으로 생각해 전쟁을 멈추고 병사를 모두 귀국시켰단다. 두 나라의 국민들은 일식이 일어나 전쟁이 끝날 것이라고 예언한 탈레스를 칭송해마지 않았지. 일식의 예언이 맞은 뒤부터 탈레스의 명성은 점점 높아져 그리스 7대 현인 중의 한 사람으로 칭송을 받게 되었어.

물론 탈레스의 일식 예언은 우연히 맞춘 것이 아니야. 이집트에 있는 동안 열심히 해와 달 그리고 별의 움직임을 연구한 결과란

다. 탈레스가 얼마나 열심히 별을 연구했는지 전해오는 재미있는 이야기가 있지.

어느 날 밤도 탈레스는 여느 때처럼 하늘의 별을 올려다보며 산책을 하고 있었어. 그날따라 하늘이 아주 맑게 개어서 하늘에는 수많은 별들이 아름답게 반짝였어. 탈레스는 어린아이처럼 기뻐하며 하늘을 보았단다. 그에게는 어떤 멋진 보물보다 별을 바라보는 일이 더 즐거웠거든.

늘 그렇듯이 탈레스는 하늘을 올려다보느라 발밑은 신경도 쓰지 않았단다. 그런데 운 나쁘게도 지나던 길가에 도랑이 있었던 거야. 하늘만 바라보며 걷던 탈레스는 그만 그 도랑에 빠지고 말았어. 다행히 도랑이 깊지 않아서 목숨은 건졌지만, 만약 깊은 도랑이었다면 죽었을지도 몰라.

그때 마침 탈레스 곁을 지나갔던 아주머니가 깜짝 놀라 달려왔지. 그리고 간신히 기어 올라오는 탈레스를 보고 한심하다는 듯 말했단다.

"당신도 참, 바로 자기 발밑도 제대로 못 보면서 어떻게 저 머

나먼 하늘에 대해 안다고 하세요?"

 탈레스가 얼마나 열심히 별을 연구했는지 잘 알겠지? 하지만 너희는 발밑을 잘 보고 다녀야한단다, 알겠지?

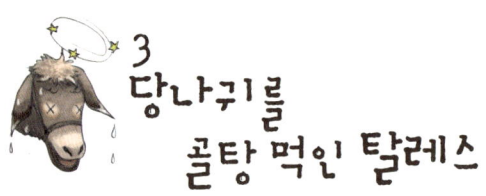

3 당나귀를 골탕 먹인 탈레스

또 탈레스가 얼마나 현명했는지 알려주는 재미난 이야기가 있단다. 모두들 이솝 우화에 나오는 당나귀와 솜 이야기를 알 거야. 그 이야기의 주인공이 바로 탈레스였어.

어느 날 탈레스는 소금을 팔러 당나귀 등에 소금을 싣고 강을 건너게 되었지. 이 당나귀가 강을 건너다 미끄러져 그만 물에 빠져버렸어. 그러자 등에 지고 있던 소금이 물에 녹아버려서 다시 일어났을 때에는 짐이 무척 가벼워졌지.

탈레스는 큰 손해를 입었지만 말 못하는 동물에게 화를 낼 수도 없어 할 수 없이 그냥 돌아갔어. 그런데 그 다음에도 당나귀가 짐을 싣고 강을 건너다가 또 빠지고 만 거야. 소금은 또 다시 물에 녹아버렸지. 그 다음부터 당나귀는 어떻게 했을까? 당나귀는 물에 빠지면 등의 짐이 가벼워진다는 사실을 깨닫고 매번 일부러 물에 빠졌단다.

 탈레스는 이 사실을 알아차리고, 괘씸한 당나귀의 버릇을 고치

기 위해 소금 대신 헌 옷과 솜을 잔뜩 실었어. 멋도 모르고 당나귀는 또 물에 빠졌고 물을 잔뜩 먹은 솜과 헌 옷은 처음보다 두세 배나 더 무거워졌지. 당나귀가 꾀를 피우다가 결국 더 고생을 하게 되었다는 이야기야. 당나귀의 꾀를 눈치 채고 혼내준 탈레스가 정말 대단하지 않니?

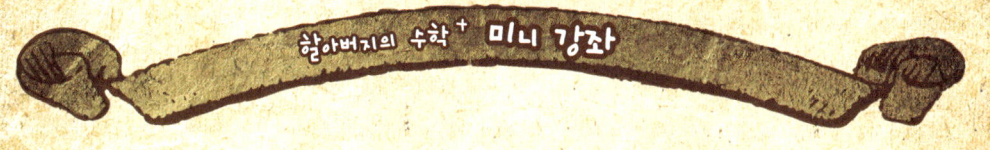

기하학은 어떻게 정립되었을까?

    인류가 사물의 모습을 단순화한 도형의 형태로 그려보기 시작한 것은 아주 오래전부터란다. 학자들은 이런 기하학이 인간의 무의식과 자연으로부터 받은 감동에서 시작되었다고 설명하고 있지. 사람들은 본능적으로 알고 있는 것에서 시작하여 보다 복잡한 형태의 기하학을 알게 되었어. 이를테면 해와 보름달의 둥근 원, 아름다운 무지개의 호, 나무를 잘랐을 때 나타나는 동심원, 육각형 모양의 거미집, 높은 산에서 볼 수 있는 삼각형과 같은 것들이 인간이 처음으로 접한 기하학이었단다. 이런 기하학을 좀 어려운 말로 '잠재적 기하학'이라고 해.

자연 속에서 발견할 수 있는
기하학적 모양

청동기 시대의 것으로 여겨지는
암석에 새겨진 기하학적 모양

이와 같은 것들을 동굴 벽에 그대로 옮기거나 변형하여 그리면서 시작된 기하학은 단순히 경험을 통해 만들어진 것이라 할 수 있지. 그러다가 사람들은 자신들이 발견한 것들을 여러 모양을 이용하여 직접 그리고 만들어 보았단다. 이를테면 삼각형의 내각의 합이 180°인 것을 확인하기 위하여 직접 삼각형을 만들어 실험한 것이지. 이런 기하학을 '실험적 기하학'이라고 해.

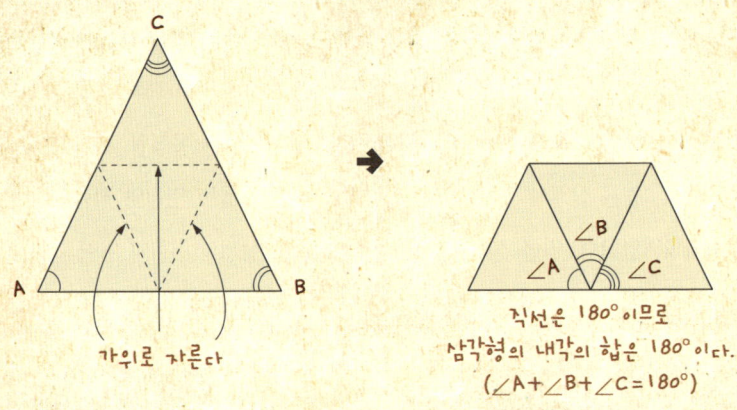

실험적 기하학을 오늘날 우리가 배우는 것과 같은 논리적인 기하학으로 바꾼 사람이 바로 탈레스란다. 탈레스가 처음으로 시도한 기하학을 '논증적 기하학'이라고 해. 이를테면 삼각형의 내각의 합이 180°인 것을 실험을 통해서 밝히는 것이 아니라 논리적인 과정을 통하여 수학적으로 엄밀하게 증명하는 것이지. 이런 점에서 탈레스를 '수학의 아버지'라고 부른단다.

제7장

옛날 사람들은 어떻게 측량했을까?

1 탈레스의 측량법

 옛날 사람들은 땅의 깊이나 다리 길이, 산의 높이를 어떻게 쟀을까? 지금처럼 정확한 측량기가 없었기 때문에 정말 힘들었을 거야. 하지만 생활 속에서 꼭 필요했기 때문에 여러 가지 방법을 궁리해서 측정했단다. 어떤 방법으로 측량을 했는지 알아보도록 할까?

 먼저 탈레스가 측량한 방법에 대해 이야기해 줄게. 탈레스가 막대기 하나로 거대한 피라미드의 높이를 측정했다는 이야기는 모두 기억하지?

옛날 사람들은 들판에 나가 하늘을 바라보며 생활하는 일이 많았단다. 밤하늘의 별을 보면서 궁금한 점이 많았고, 그래서 일찍부터 천문학이 발달했어. 천문학을 연구하려면 우선, 별의 위치에 대해 잘 알아야 해. "그 별은 몇 시에 어디쯤 있나? 어제 이맘때쯤에는 여기에 있었는데 오늘은 저기에 있네?" 이런 식으로 말이야. 또 별의 위치를 알려면 도형의 각에 대한 지식이 필요하단다. 그래서 옛날 사람들은 일찍부터 각에 대해 여러 가지 사실을 알고 있었어. 각에 대해서는 초등학교 4학년 때 배웠을 거야.

탈레스는 수학자이자 천문학자였기 때문에 각에 대한 많은 사실을 알고 있었을 뿐 아니라 다음과 같은 기하학의 정리도 발견했어.

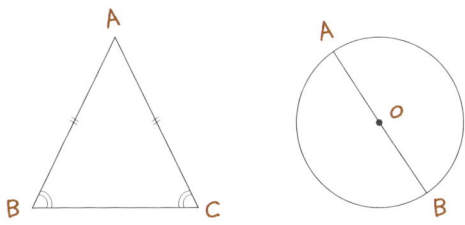

❶ 이등변삼각형의 두 밑각은 같다. - 여기서 이등변삼각형이란 말 그대로 두 변의 길이가 같은 삼각형을 말하지. 그런데 두 변의 길이가 같으면 두 각의 크기가 같다는 것이지. 그림에서 보면 ∠B와 ∠C가 같다는 이야기야.

❷ 원은 지름으로 이등분된다. - 지름을 AOB라고 하면 이 원의 지름을 사이로 만들어진 두 부분의 크기는 같다.

❸ 두 삼각형에서 각각 두 각과 한 변이 서로 같으면 그들은 합동이다.

❹ 두 직선이 만나서 생긴 맞꼭지각은 같다.

❺ 반원에 내접하는 각은 직각이다. - 이것에 관하여 바빌로니아 인들은 이보다 1400년 전에 이미 이 결과를 알고 있었단다.

자, 세 번째 정리는 조금 어려울 수도 있어. 그림을 보면서 설명을 들으면 쉽게 이해할 수 있단다.

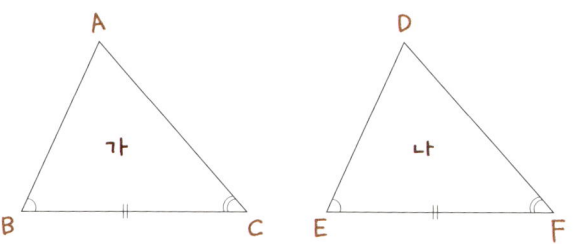

여기 삼각형 가와 나가 있어. 삼각형 가의 ∠B와 삼각형 나의 ∠E가 서로 같고, 삼각형 가의 ∠C와 삼각형 나의 ∠F가 서로 같다고 해. 그리고 ∠B, ∠C와 ∠E, ∠F 사이에 있는 변 BC와 변 EF가 같다면 삼각형 가와 나는 서로 같다, 즉 합동(≡)이라는 이야기야. 다시 정리하면,

∠B=∠E, ∠C=∠F, 변 BC=변 EF면 두 삼각형 가와 나는 합동이다.(△ABC ≡ △DEF)

이제 네 번째 것에 대하여 알아볼까? 물론 앞에서와 같이 그림을 이용해 보자구나.

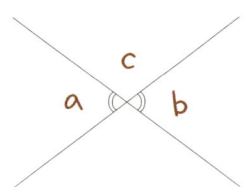

참, 맞꼭지각은 그림에서와 같이 두 직선이 교차할 때 생기는 네 각 중에서 두 각 a와 b처럼 서로 상대하는 두 각이라는 것은 알고 있지?

위의 그림을 잘 보면 각 a와 각 c를 더하면 180°가 되고, 역시 각 b와 각 c를 더하면 180°가 된단다. 왜냐하면 이것들은 각각 한 직선이기 때문이지. 즉

$(\angle A) + (\angle C) = (\angle B) + (\angle C)$

여기서 $\angle C$가 공통으로 있으니까 $(\angle A) = (\angle B)$가 되겠지. 따라서 두 직선이 만나서 생긴 맞꼭지각은 같다는 것을 알 수 있지.

어때, 그림과 함께 설명을 들으니까 훨씬 쉽지? 어쩌면 당연한

이야기라고 우습게 생각할지도 몰라. 하지만 모두가 당연하게 생각한 사실을 제일 먼저 규칙으로 정리하고 증명했다는 사실이 탈레스의 위대한 점이란다. 이 정리에 대해서는 중학교에 가서 배우게 될 거야.

  탈레스는 이 삼각형의 합동 원리를 이용해서 육지에서 바다에 정박해 있는 배까지의 거리를 측정했다고 해. 다음 장의 그림은 탈레스가 해안에서 배까지의 거리를 측정한 것을 나타낸 것이란다.

  D라고 표시되어 있는 곳에서 각도기를 갖고 있는 사람이 탈레스야. 탈레스가 삼각형의 합동 원리를 어떻게 이용했는지 그림을 보면서 설명해볼게.

  탈레스는 우선 해변을 따라 직선 BD를 그었어. 그리고 D에서 배의 한 지점 A를 향해 각도기로 ∠가를 측정했어. 그 다음 ∠가와 똑같은 ∠나를 만들어서 직선 DC를 땅 위에 그었지. 그리고 B쪽으로 와서 지점 A를 보고 각 B가 직각이 된 곳에 멈춰서 그곳을 B라고 했단다.

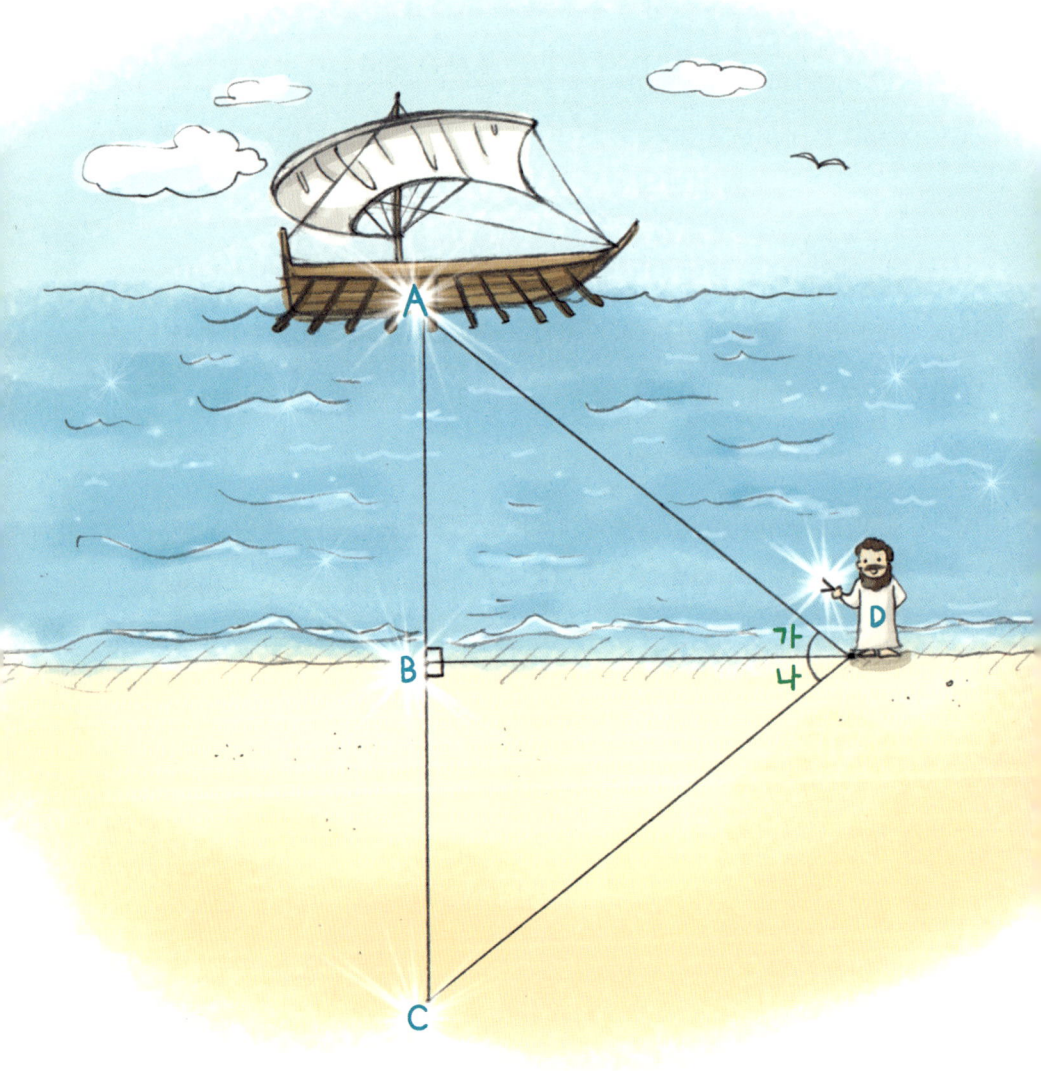

그런 다음, B에서 똑바로 땅 위에 선을 그어. 그러면 ∠ADB=∠CDB이고, ∠ABD와 ∠CBD는 직각이므로 같고, 변BD는 삼각형 ABD와 삼각형 CBD의 공통변이므로 삼각형 ABD와 삼각형 CBD는 합동이 된단다. 결국 BC는 육지이기 때문에 이 길이를 측정하면 해안에서 배까지의 거리가 되는 거야.

탈레스는 이런 방법으로 바다에 가지 않고도 배까지의 거리를 측정했어. 이렇게 삼각형의 합동 원리를 이용하면 여러 가지 거리를 측정할 수 있단다. 너희도 한 번 이 원리를 이용해서 거리를 측정해 보렴.

2 나폴레옹의 측량법

나폴레옹은 지중해의 코르시카라는 작은 섬에서 태어나 프랑스의 황제가 된 세계적으로 유명한 영웅이지. "내 사전에 불가능이란 없다."라고 말할 정도로 마음먹은 일은 무엇이든 할 수 있다고 생각한 사람이었어. 그는 세계 통일을 꿈꾸며 주변 국가와 전쟁을 벌였는데, 러시아와 이웃나라인 독일도 공격했지. 그 유명한 워털루 전투도 그 중 하나란다.

나폴레옹 군대가 독일을 공격했을 때 일이야. 강 건너의 독일군과 전투를 벌이게 되는데 강 너비가 얼마나 되는지 알아야 했어.

그때만 해도 지금과 같은 측량기가 없었단다. 놀랍게도 나폴레옹은 자신의 모자를 가지고 강의 너비를 알아냈단다. 모자로 강의 너비를 재다니, 신기하지 않니? 방법은 아주 간단했어.

나폴레옹은 자신이 쓰고 있던 모자를 앞으로 기울여서 모자의 챙이 강 맞은 편과 일직선이 되도록 만들었어. 그런 다음 조금씩, 조금씩 뒤로 물러나서 처음 있던 곳과 모자의 챙이 일직선으로 보이는 곳까지 뒤로 물러났어. 그리고 현재 있는 곳에서 처음 있던 지점까지의 거리를 측정했는데, 이 거리가 강 너비와 똑같았어. 재미있는 측정법이지? 하지만 수학의 원리를 멋지게 이용한 방법이었단다.

그럼 나폴레옹이 모자를 이용한 원리를 자세하게 알아볼까?

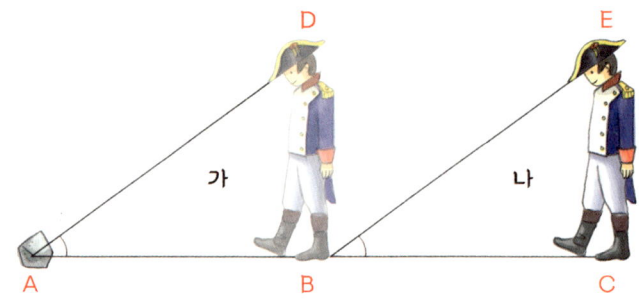

먼저 삼각형 가처럼 모자의 챙과 눈, 그리고 강 건너편이 일직선이 되도록 만들어. 그리고 그 자세 그대로 뒤로 물러나는 거야. 같은 자세로 있는 것은 ∠D와 ∠E를 같게 만들기 위해서야. 자,

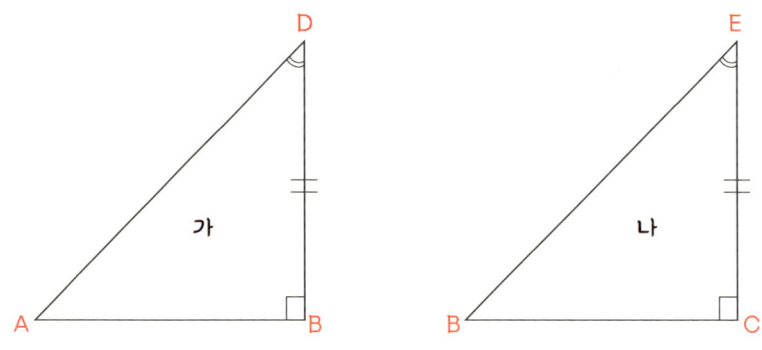

그러면 삼각형 가와 삼각형 나의 ∠D와 ∠E가 같고, 두 눈높이도 같으니까 변 BD와 변 CE는 같은 길이가 되지. 또 삼각형 가와 삼각형 나는 직각 삼각형이기 때문에 발이 있는 곳의 각은 똑같아.

즉, 삼각형 가와 삼각형 나는 두 각과 그 사이의 변이 같기 때문에 탈레스의 정리에 따라 합동이 되는 거야. 따라서 선분 AB와 선분 BC가 같기 때문에 BC를 측정하면 그 길이가 바로 강 너비가 되는 것이지. 나폴레옹은 전쟁 영웅으로 알려져 있지만 항상 힘만 있었던 것은 아니야. 수학자 못지않은 지혜도 지니고 있었단다.

3 나무꾼의 측량법

 옛날 나무꾼들은 나무의 높이를 어떻게 재었을까? 탈레스는 비례의 원리를 이용해서 피라미드의 높이를 측정했지만 나무꾼들은 그런 수학의 원리를 알 수 없었지. 하지만 나무꾼들 사이에서도 '다리 사이로 거꾸로 보기'라는 재미있는 방법이 옛날부터 전해 내려 와서 모두들 그 방법으로 나무의 높이를 재었다고 해.
 우선 두 다리를 벌리고 손으로 땅을 짚어. 그리고 허리를 아래로 구부려서 다리 사이로 나무 꼭대기를 보는 거야. 잘 보이지 않으면 앞으로 가거나 뒤로 물러나거나 해서 잘 보이는 자리에서 멈추면 돼. 그 다음, 멈춘 지점과 나무와의 거리를 측정하면 이 거리가 바로 나무 높이가 되는 거야. 옛날부터 나무꾼들은 이렇게 나무의 높이를 재었다고 해. 정말 재미있는 방법이지?

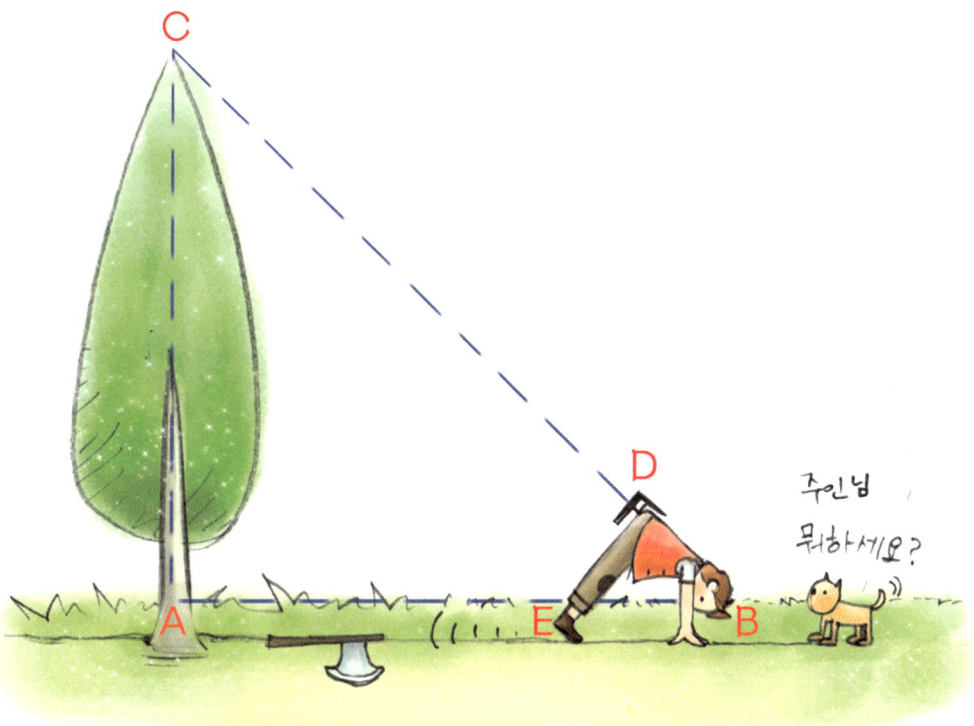

어떤 원리로 머리에서 나무까지의 거리가 나무의 높이가 되는지 알아볼까?

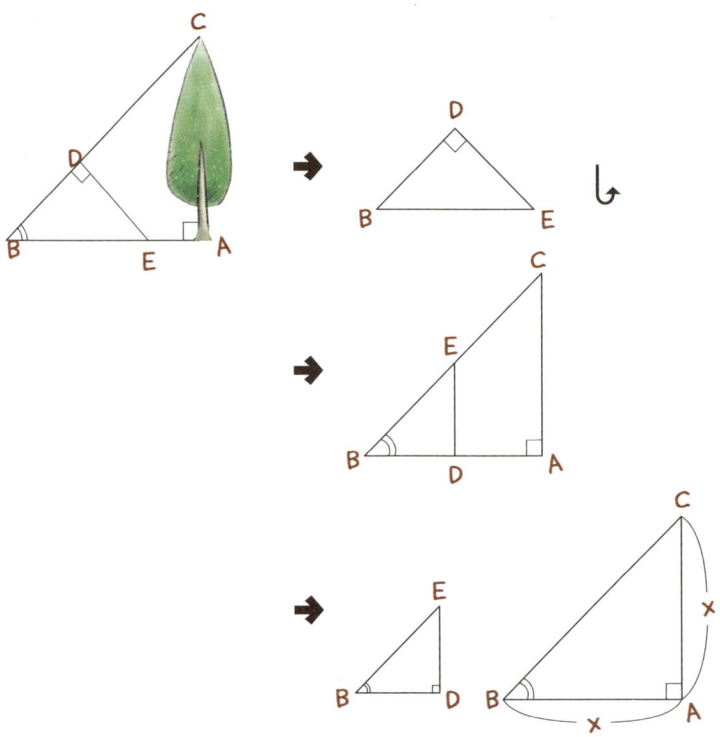

보통 사람의 몸은 허리를 기준으로 해서 상반신과 하반신 길이가 비슷하단다. 그래서 허리를 직각으로 구부리면 직각이등변 삼각형이 되지. 위의 그림에서 보면 삼각형 BDE가 되는 셈이야. 여기서 D는 나무꾼의 허리로 직각이 되게 잘 구부린 것이란다.

이제 삼각형 BDE를 180° 회전을 시켜서 다시 큰 삼각형 ABC에 겹치면 바로 밑의 그림이 되지. 그렇게 되면 삼각형 BDE는 변 BD와 변 DE의 길이가 같고 ∠D가 직각이므로 직각이등변삼각형이 되겠지. 마찬가지 이유로 삼각형 ABC도 직각이등변삼각형이 된단다.

이제 앞에서 탈레스의 비례의 법칙을 다시 생각해 보자.

그림에서와 같이 삼각형 ABC와 삼각형 DBE는 둘 다 직각이등변삼각형이므로 대응하는 변들의 길이의 비율은 각각 같겠지. 그런데 변 AB는 나무꾼의 머리에서 나무까지의 길이이고, 변 BC는 나무꾼의 머리에서 나무의 꼭대기까지 연결한 선이니까 당연히 AC가 나무의 높이가 되겠지?

하지만 손으로 땅을 짚었을 때 허리 부분이 직각이 되지 않으면 그 거리는 나무의 높이가 되지 않아. 그래서 가능한 한 나무의 높이를 정확하게 재기 위해서는 허리 구부리는 연습을 많이 해야 된단다. 숙련된 나무꾼은 아주 잘 할 수 있었을 거야.

나무꾼의 측량법을 잘 생각해 보면 탈레스가 피라미드 높이를 잰 것처럼 비례의 법칙이 사용된다는 사실을 알 수 있어. 탈레스는 수학자라서 이 원리를 알았지만 나무꾼은 비례가 뭔지, 어떤 이치로 나무의 높이를 알 수 있는지 정확하게는 몰랐을 거야. 아마도 오랜 세월 동안 쌓은 경험으로 깨달았겠지? 정말 놀랍지 않니?

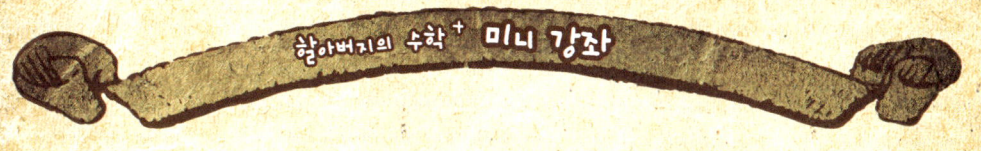

우리나라의 전통적인 도량형 단위를 알아보자

    우리나라는 현재 길이, 넓이, 부피, 무게를 나타내는 단위로 미터법을 택하고 있지. 그러나 얼마 전까지만 해도 척, 평, 섬, 근 등과 같은 도량형(度量衡)을 사용했단다. 도량형에서 '도(度)'는 길이, '양(量)'은 부피, '형(衡)'은 무게를 뜻한단다. 고려시대에서 조선시대로 왕조가 바뀌면서 도량형의 단위가 가장 먼저 정해졌는데, 이것은 나라의 질서를 바로 잡는데 매우 중요했기 때문이지. 조선시대 세종대왕은 한글과 여러 가지 과학기구들을 만들었을 뿐만 아니라 도량형을 정비하여 나라의 기틀을 완전하게 세운 왕이란다.

    다음 표는 조선시대 사용되던 도량형들이야. 여기서 '보'는 길이와 넓이의 단위로 모두 사용되었어.

	단위	단위 사이의 관계
길이	필, 자, 치, 보	1필=42자, 1자=10치, 1보=5자
넓이	무, 보	1무=240보
들이	섬, 말, 되, 홉, 작	1섬=10말=100되=1000홉=10000작
무게	석, 칭, 근, 냥, 전, 수	1석=120근, 1칭=15근, 1근=16냥, 1냥=10전=24수

전통 단위들과 현재 사용되고 있는 단위들

구분	길이	넓이	부피	무게
올바른 단위 (법정단위)	미터(m) 센티미터(cm) 킬로미터(km)	제곱미터(m^2) 제곱센티미터(cm^2) 헥타르(ha)	세제곱미터(m^3) 세제곱센티미터(cm^3) 리터(L 또는 l)	그램(g) 킬로그램(kg) 톤(t)
사용 금지 단위 (비법정단위)	자(尺), 마, 리(里), 피트, 인치, 마일, 야드	평(坪), 마지기, 정보 및 단보, 에이커	홉, 되, 말, 석(섬), 가마, 갤런	근(斤), 관(貫), 파운드, 온스, 돈, 냥
비고 (환산단위)	자=30.303cm 1피트=20.48cm 1인치=2.54cm 1마일=1.609km 1야드=91.4cm	1평=3.305cm^2 1정보=9917m^2 　　=0.009km^2 1에이커=4046m^2 　　　=0.004km^2	1되=1.8L 　=1803.9cm^3 1말=18L 　=18039cm^3 1갤런=3.78L	1근=600g=0.6kg 1관=3750g 　=3.75kg 1파운드=28.349g 　　　≒0.028kg 1돈=3.75g (1냥=10돈)

제8장

옛날옛날 사람들은 숫자를 어떻게 썼을까?

1 만약 숫자가 없다면?

만일 학교에서 수학을 배우는 데 숫자를 쓸 수 없다고 하면 어떨까? 아마 무척 곤란하겠지? 매일 매일 수학 공책에 쓰는 수식도, 연산도 모두 숫자를 사용하는 것이니까 말이야. 너희들이 지금 배우는 수학은 숫자를 이용한 학문이라고 할 수 있어. 그 정도로 숫자는 중요하지. 그래서 숫자의 모양을 단순하고 간단하게 쓸 수 있다는 점은 수학이 발달하는 데 매우 중요한 영향을 끼쳤단다.

아주 오래전, 우리 조상들에게 있어서 숫자의 첫 번째 중요한 쓰임새는 물건을 세는 것이었지. 갖가지 도구를 이용하여 농사를 지으면서 사람들은 자신의 재산을 지키고 확인할 필요가 생겼던 거야. 이를테면, 단순히 눈으로 봐서는 자기의 양떼 중에서 잃어버린 것이 있는지 없는지를 확인할 수 없겠지? 그래서 세는 기술과 함께 그 개수를 표시하는 기술이 필요하게 된 거야. 결국 숫자가 탄생하게 된 것이지. 하지만 특별하게 정해진 기호가 없었으므로 부족이나 지역마다 모두 다른 방법을 사용했단다. 예를 들어 어떤 부족은 긴 끈을 묶어서 수를 세기도 했고, 어떤 부족은 조약

돌을 이용하기도 했고, 또 어떤 부족은 뾰족한 물건을 이용하여 나무를 긁어 나타내기도 했지.

  이런 것들의 공통점은 옛날 사람들이 처음으로 사용한 숫자는 지금처럼 간단하지 않았다는 것이야. 훨씬 더 복잡하고 어려웠는데 사람들이 좀 더 편리하게 사용할 수 있는 숫자를 만들기 위해 열심히 연구한 결과, 지금처럼 간단하고 편리한 숫자가 생겨난 거야.

  그럼 이제부터 숫자의 역사에 대해 이야기해 볼까?

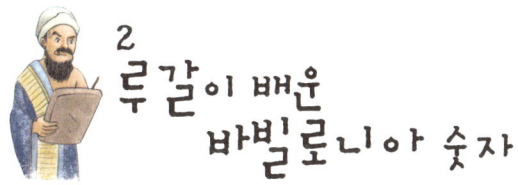

2 루갈이 배운 바빌로니아 숫자

바빌로니아는 세계에서 가장 오래된 나라들 중 하나로 메소포타미아 문명이 발생한 곳이지. 이 나라에 루갈이라는 소년이 살았어. 바빌로니아라고 하니까 앞에서 이야기한 양치기 소년 아남을 떠올릴지 모르겠지만, 루갈은 아남보다 몇백 년 뒤에 태어났단다. 지금부터 약 3000년에서 4000년 전의 일이지.

루갈의 아버지는 장사를 하는 상인이었어. 여러 가지 물건을 사고 팔아야 했기 때문에 물건들의 개수를 세는 일이 많았지. 그러나 물건 개수를 하나하나 기억하기가 너무 어려워서 항상 어딘가에 기록해 두어야 했어. 당시는 종이도 연필도 없었기 때문에 루갈의 아버지는 부드러운 점토로 판을 만들어서 그 위에 뾰족한 막대기로 숫자를 새겨놓았지. 루갈의 아버지가 새긴 숫자는 아래 사진 속의 기호처럼 생겼단다.

루갈이 살던 당시 바빌로니아인들은 작은 점토판에 철필이나 나무막대를 사용하여 그들의 숫자와 문자를 표시했는데, 이런 문자와 숫자들은 그 모양 때문에 '쐐기문자'라고도 한단다. 쐐기문자는 철필로 긁어낸 모양으로 설형문자라고도 부르지. 점토판은 구워서 만들었는데, 계산하기 어려운 덧셈이나 곱셈 그리고 나눗셈 등이 적혀있단다. 당시 바빌로니아인들은 60진법을 사용했기 때문에 그 표시는 1부터 10까지만이 아니라 60과 60×60도 표시

점토판

할 수 있었지. 그리고 우리가 현재 사용하는 것과 같이 위치에 따라 나타내는 값이 달랐어. 예를 들면 다음 그림과 같이 숫자를 나타냈단다.

$$25 = \text{◁◁ ▽▽▽▽▽}$$
$$20 + 5$$

$$83 = \text{▽ ◁◁ ▽▽▽}$$
$$60 + 23$$

$$11137 = \text{▽▽▽ ▽▽▽▽▽ ◁◁◁ ▽▽▽▽}$$
$$3 \times 3600 + 5 \times 60 + 37$$

루갈은 아버지에게 이 쐐기문자를 배웠는데, 지금 우리가 쓰는 숫자에 비하면 너무 복잡하지? 루갈도 아마 배우기 힘들었을 거야.

바빌로니아 사람들은 이런 쐐기숫자를 썼는데 이 숫자는 쓰는

데도 시간이 많이 걸렸단다. 또 어려운 계산을 하기도 힘들었지. 그래서 차츰 쓰지 않게 되었다고 해.

3 아메스가 배운 이집트 숫자

바빌로니아 소년 루갈이 쐐기문자를 배울 때, 이집트 나일 강변에는 아메스라는 아이가 살았어. 아메스는 나중에 어른이 되어서 오늘날 『린드 파피루스』라고 불리는 수학책을 썼단다. 이것은 세계에서 가장 오래된 수학책이야. 앞으로 그의 이름이 가끔 나올 테니까 잘 기억해 두렴.

아메스의 집 근처에는 큰 사원이 있었는데, 그 사원의 벽에는 이상한 표

『린드 파피루스』의 일부

시가 쓰여 있었지. 그러나 아무도 무슨 뜻인지 읽을 수가 없었어.

어느 날 아메스가 사원 앞을 지나가는데 한 승려가 벽을 보고 있었어. 아메스는 승려에게 물어 보았지.

"이 표시는 무엇인가요?"

"이것은 숫자란다. 왕이 전쟁에 나가 전사한 날짜를 쓴 것이지."

"숫자라고요? 어떻게 쓰는 거지요? 좀 가르쳐 주세요."

"허허, 파피루스를 가지고 오면 가르쳐 줄게."

아메스는 곧장 집에 가서 아버지에게 물어 보았어.

"아버지, 파피루스가 뭐예요?"

"파피루스? 아, 늪에 가면 수초들이 많이 있지? 그 수초로 만든 종이를 파피루스라고 해. 승려들은 파피루스 위에 글씨를 쓴단다."

영어로 종이를 페이퍼(paper)라고 하지? 페이퍼는 파피루스(papyrus)에서 변한 말이야.

아메스는 아버지에게 파피루스를 한 장 얻어서 다음 날 아침 일찍 사원으로 갔어. 그러자 승려는 열심인 아메스가 기특해서 숫자 쓰는 법을 알려 주었단다.

다음 그림은 이 승려가 이집트 숫자로 쓴 13015이란다. 그런데 그들은 글씨를 쓸 때 우리처럼 왼쪽에서 오른쪽으로 쓰는 것이 아니라 오른쪽에서 왼쪽으로 썼단다. 그래서 이 숫자도 우리와는 반대로 써 있지.

13015 = !!! ∩ 𓆼𓆼𓆼 𓆐
　　　　 5 + 10 + 3000 + 10000

숫자가 꽃과 갈대 또는 손가락 모양을 하고 있지? 루갈이 배운 바빌로니아 숫자와 비교하면 아메스가 배운 숫자는 훨씬 더 어려운 것 같지 않니?

고대 이집트인들은 기원전 3300년 이전부터 수에 대한 기호체계를 가지고 있었고, 이 당시 상형문자는 상당히 발전해 있었지. 이집트인들이 사용했던 숫자 1에 대한 상형문자는 수직인 막대기였어. 10은 팔꿈치 또는 손잡이로 나타냈고, 100은 두루마리 그림 또는 밧줄 감은 것으로 표시했어. 1,000은 이집트에 널리 퍼져있는 연꽃으로, 10,000은 어떤 것을 가리키는 손가락(혹은 파피루스라고도 함)으로, 100,000은 올챙이로, 1,000,000은 숫자가 너무 커서 놀라 팔을 들고 있는 사람의 모양으로 나타냈단다. 그리고 무한대는 태양의 형상으로 나타냈었고.

　이집트 숫자는 모두 이렇게 사물이나 동물의 모양을 본떠서 만들어졌단다. 이런 문자를 상형문자라고 해.

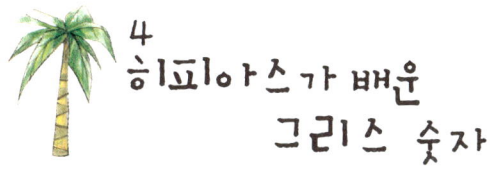
4 히피아스가 배운 그리스 숫자

아메스가 이집트 숫자를 배운 지 한참 지났을 무렵, 그리스에 히피아스라는 소년이 있었어.

그 당시 그리스의 수도는 아테네였는데 히피아스는 매일 아테네에 있는 성 근처에서 놀곤 했단다.

그때는 각 나라의 문물이 개방되어서 상인들은 구리나 은으로 된 동전을 썼어. 그래서 점점 큰 수도 계산할 수 있게 되었지.

히피아스도 아테네의 성에서 놀면서 자연스럽게 그리스 문자를 사용하여 숫자를 쓸 수 있게 되었단다. 그 숫자는 지금의 숫자와는 큰 차이가 있었지.

고대 그리스인들은 두 가지 서로 다른 수 체계를 이용했었단다. 그 중 한 가지 방법은 기원전 500년 정도까지 사용해온 것으로 그 숫자를 뜻하는 단어의 머리글자를 이용하는 방법이었어.

1	10	100	1,000	10,000
I	Δ	H	X	M

그리스인들의 수 체계도 이집트인들과 마찬가지로 다음 그림과 같이 반복적으로 늘어놓는 것이었지.

2432 = XX HHHH ΔΔΔ II
    2000 + 400 + 30 + 2

3218 = XXX HH Δ IIIIIIII
    3000 + 200 + 10 + 8

그런데 그리스인들은 숫자 5를 이용하여 숫자를 짧게 쓰는 방법을 고안했어. 50, 500, 5,000, 50,000과 같은 숫자들을 다음 그림과 같은 방법으로 표시하고, 이것을 이용하여 숫자를 짧게 썼단다.

5   50   500   5,000   50,000
Γ   ⌐Δ   ⌐Η   ⌐Χ   ⌐Μ

2857 = XX ⌐Η HHH ⌐Δ Γ II
2000+500+300+50+5+2

하지만 이런 숫자로 큰 수를 쓰다 보면 시간이 한참 걸렸단다. 그래서 그리스인들은 그 불편함을 없애기 위해 또 다른 숫자를 생각해냈어. 그것이 바로 지금도 사용하고 있는 그리스의 알파벳이야.

1	α	alpha	10	ι	iota	100	ρ	rho
2	β	beta	20	κ	kappa	200	σ	sigma
3	γ	gamma	30	λ	lambda	300	τ	tau
4	δ	delta	40	μ	mu	400	υ	upsilon
5	ε	epsilon	50	ν	mu	500	φ	phi
6	없어짐	digamma	60	ξ	xi	600	χ	chi
7	ζ	zeta	70	ο	omicron	700	ψ	psi
8	η	eta	80	π	pi	800	ω	omega
9	θ	theta	90	없어짐	koppa	900	없어짐	sampi

첫째 문자는 '알파', 둘째는 '베타', 셋째는 '감마', 넷째는 '델타'야. 영어를 배울 때 A, B, C 순서대로 외우듯이 그리스 사람들은 이 그리스 문자를 배웠다고 해.

하지만 이 숫자는 외우기 불편했기 때문에 현재는 사용하지 않아. 나중에 중학교나 고등학교에 가서 더 수준 높은 수학을 배울 때 이 그리스 문자를 기호로 쓰게 될 거야.

5. 타이타스가 배운 로마 숫자

히피아스와 같은 시대에 로마에는 타이타스라는 아이가 있었어. 로마에는 더 훌륭한 학교가 있었는데 그곳에서는 주산도 가르치고 도량형이나 분수도 가르쳤대.

타이타스도 이 학교에 다니면서 옛 로마인들이 사용했던 숫자를 배웠어. 그 숫자는 다음 그림처럼 생겼단다.

그 후에는 당시 상인들과 공무원들이 사용했던 숫자도 배웠어. 요즘 우리가 시계에서 자주 볼 수 있는 로마 숫자란다.

CCCLXXXVII
387

이 숫자로 387을 쓰면 위의 그림처럼 되는데, 지금 우리가 쓰는 숫자에 비하면 훨씬 쓰기가 어렵지? 아마 10,000이 넘는 숫자를 쓰려면 참 힘들었을 거야. 하지만 작고 간단한 수를 쓸 때는 별로 불편하지 않아서 지금도 시계 같은 곳에 사용된단다.

지금까지 옛날 사람들이 사용한 여러 가지 숫자에 대해서 알아보았어. 옛날 사람들에 비하면 너희는 정말 쉽고 간편한 숫자를 배우고 있다는 생각이 들지 않니?

지금까지 알아본 숫자들은 문명이 발달하면서 모두 사라졌단다. 우리가 지금 쓰고 있는 숫자의 조상은 아라비아 숫자야. 그 이야기는 아라비아 숫자의 기원에 가서 이야기하도록 하자.

마야인이 사용한 수 체계

유카타의 마야 인디언들은 현재 우리가 사용하고 있는 것과 같은 위치 수 체계뿐만 아니라 영에 대한 표시도 있었던 아주 발전된 수 체계를 가지고 있었단다.

마야의 수 체계는 이십진법이었어. 그런데 그들은 수를 가로쓰기로 나타내지 않고 세로쓰기로 나타냈단다. 예를 들어 346을 쓰려면 아래 그림과 같이 수를 위에서 아래로 써서 표현했었어.

$17 \times 20 + 6 = 346$ $18 \times 20 + 11 = 371$

그들은 ◯을 영으로 사용했단다. 십진법의 경우는 일, 십, 백, 천, 만 등과 같이 수의 단위가 일정하게 올라가지만 마야인들은 이십진법을 사용하면서도 일, 이십, 360을 이용했지. 세 번째 자리가 $20 \times 20 = 400$이 아닌 $20 \times 18 = 360$이었기 때문에 엄밀하게 말하면 마야의 수 체계는 이십진법이라고 할 수는 없단다.

예를 들면 2733과 7080을 다음과 같이 나타냈어.

$17 \times 360 + 10 \times 20 + 13$
$= 2733$

$19 \times 360 + 12 \times 20 + 0$
$= 7080$

1 피타고라스의 노력

비례의 신 탈레스가 활동하던 무렵, 그리스에는 유명한 수학자들이 많이 있었다는 이야기를 했었지? 그때 피타고라스라는 이름이 잠깐 나왔던 것을 기억할 거야.

"아, 피타고라스의 정리를 발견한 그 피타고라스? 우와, 나 너무 똑똑한 거 아니야?"라며 으쓱하는 친구가 있을지도 모르겠네. 그 정도로 피타고라스란 이름은 유명해. 왜 그렇게 명성이 높은지 알아볼까?

피타고라스는 지금부터 약 2600년 전, 즉 탈레스보다 60년 쯤

뒤에 그리스의 사모스 섬에서 태어났어. 굉장히 유명한 사람이지만 그가 어떻게 살았는지, 그의 일생에 대해서는 정확히 알려지지 않았단다. 그래서 어떤 사람은 그가 음악의 신 아폴론의 아들이라고도 하고, 또 어떤 사람은 몸에 황금으로 된 점을 갖고 있다는 등, 신화 속에 나오는 사람이라고 생각했대.

   피타고라스의 아버지는 니사르쿠스라는 페니키아 사람으로, 나라를 위해서라면 무슨 일이든 했다는구나. 어느 해 사모스 섬에 흉년이 들어 사람들이 굶어 죽을 지경이 되자 피타고라스의 아버지가 많은 돈을 기부해서 사람들을 구했단다. 그래서 왕에게 명예로운 직책을 받았다는 이야기도 전해져. 피타고라스의 아버지는 상인이었기 때문에 여러 나라를 여행 다녔는데 피타고라스가 18세 되던 해, 사모스 섬의 왕인 폴리크라테스가 폭정으로 사람들을 괴롭히고 있었어. 피타고라스는 밤중에 몰래 섬을 빠져나와 시로스 섬에 있는 삼촌 집으로 도망쳤지. 피타고라스는 그곳에서 2년 동안 살면서 페레키데스에게서 수학을 배웠대. 이 사람은 탈레스, 아낙시만드로스와 함께 당대의 훌륭한 선생님이었지.

피타고라스는 탈레스에게도 수학과 천문학을 배웠어. 탈레스는 그때 나이가 90세나 되는 할아버지였는데 친절하게 가르쳐 주었대. 그리고 피타고라스의 뛰어난 재능에 감탄해서 이집트로 공부하러 가길 권했지. 당시 이집트는 학문이 발달한 나라로, 특히 수학이나 천문학을 연구하려면 이집트로 가야만 했어. 피타고라스

는 시돈에 있는 승려 학교에서 공부하며 1년 동안 유학 준비를 하고 이집트로 건너갔지.

그런데 당시 이집트의 승려들은 학식이 높고 강한 권력을 지녔기 때문에, 이집트 사람들조차 승려 계급에 들어가기 어려웠어. 피타고라스도 왕의 소개장을 가지고 갔지만 좀처럼 승려 계급에 들 수 없었지. 하지만 그대로 포기한다면 이집트로 공부하러 간 보람이 없기 때문에 피타고라스는 열심히 노력했어. 승려들은 피타고라스에게 여러 가지 어려운 시험을 치르게 했지만, 피타고라스는 조금도 굴하지 않고 어려운 시험들을 통과해서 승려들의 지도를 받게 되었어.

그 뒤 피타고라스는 21년간 이집트의 많은 학문을 연구해서 모두 자신의 것으로 만들었지. 뿐만 아니라 승려 중에서도 가장 명예로운 지위까지 오르게 되었단다. 피타고라스가 얼마나 열심히 노력했는지 알 수 있을 거야.

이집트의 학문을 완전히 배운 피타고라스는 바빌로니아로 건너갔단다. 바빌로니아도 이집트 못지않게 일찍부터 문화가 개방되어, 수학과 천문학이 발달한 나라였지. 게다가 상업도 활발했기 때문에 인도인, 중국인, 유대인 등이 많이 드나들었단다. 피타고라스는 그곳에서 12년 동안 머무르면서 학문을 배우고 연구하다 56세가 됐을 때, 다시 고향인 사모스섬으로 돌아왔어.

2 피타고라스 학교

피타고라스는 고향으로 돌아와서 청년들을 모아 연설을 하고 아이들의 장래에 대해 많은 사람들에게 이야기했어. 처음에는 그의 제자가 되겠다는 사람이 별로 없었지만 그의 뛰어난 웅변과 연설 실력 덕분에 점차 많은 사람들이 모여 들었고, 결국 600명이나 되는 제자들이 모여들었다고 해. 피타고라스는 크로톤이라는 곳에 학교를 세웠는데, 이것이 그 유명한 피타고라스 학교란다. 피타고라스는 자신의 학교에서 이집트와 바빌로니아에서 배운 수학을 가르치고 어려운 철학도 강의했어.

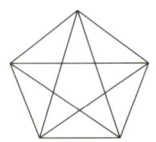

피타고라스 학교 학생들은 그림처럼 별 모양을 그려 넣은 정오각형 배지를 달고 다녔어. 누가 봐도 "아, 피타고라스 학교의 학생이구나." 하고 알 정도였지. 피타고라스는 왜 이런 배지를 학생들에게 달게 했을까?

보통 정다각형은 자와 컴퍼스만 있으면 쉽게 그릴 수 있는데 정오각형은 그렇지 않아. 피타고라스는 수많은 노력 끝에 자와 컴퍼스만을 사용해서 정오각형을 그리는 것에 성공했지. 그리고 정오각형의 꼭짓점들을 대각선으로 연결하면 그림처럼 가운데 별 모양이 나온다는 사실을 발견했어. 그래서 피타고라스는 이 별모양의 오각형 배지를 달게 한 거야. 사실 그 유명한 황금 분할도 이 별모양의 오각형 안에 담겨져 있단다.

황금 분할에 관하여는 기원전 4700년경에 건설된 이집트의 피라미드에 이미 나타나 있어. 그런데 '황금 분할' 또는 '황금비'라는 명칭은 피타고라스보다 나중에 태어난 에우독소스라는 수학자가 처음으로 이름 붙인 것이라고 해. 그리스인들은 이 황금비에 흠뻑 빠져서 장신구, 그림, 조각품, 건축물 등에 즐겨 사용하였고, 우리나라의 경우 황금비를 사용한 가장 아름다운 구조물은 석굴암에 있는 불상(佛像)이란다.

황금비를 나타내는 기호 ϕ는 황금비를 조각에 이용하였던 건축가이자 예술가인 피디아스(Phidias)의 그리스어 머리글자를 딴 것으로 $\phi = 1,618\cdots\cdots$이야. 이것을 이용하여 다음 그림과 같은 '가로와 세로의 비'가 1 : ϕ인 직사각형을 그릴 수 있는데, 이것을 '황금 직사각형'이라고 하지. 오늘날 각종 신용카드와 TV 화면, 전광판 등 다양한 곳에서 찾아볼 수 있단다. 황금비에 관한 더 재미있는 이야기는 다음에 다시 하기로 할게.

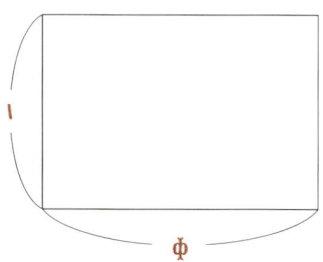

피타고라스는 학문 이외에 정치에도 힘을 쏟았고 노동조합도 만들었어. 그런데 학교에서 쫓겨난 피파리스라는 사람이 동료들을 모아 피타고라스와 그 학교 학생들을 비난하고 모함했어. 학교도 부수고 피타고라스의 재산도 몰수했지. 피타고라스는 더 이상 그 나라에 있을 수가 없어서 메타폰툼으로 도망쳤지만 그곳에서 99세의 나이에 살해되었단다.

피타고라스는 평생 학문을 연구하는 데에 힘썼지만 정치에 휘말려 안타깝게 생을 마감해야 했어.

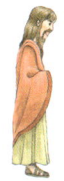

3 소년 피타고라스의 장작 쌓기

 피타고라스의 명성은 하루아침에 만들어진 것이 아니라 꾸준한 노력으로 이루어졌지만, 그의 천재성은 어릴 때부터 눈에 띄었지. 어느 날, 당시 유명한 학자인 데모크리토스라는 사람이 마을을 산책하고 있는데 한 소년이 등에 장작을 지고 걸어가는 것을 보았어. 데모크리토스는 이 소년이 등에 짊어진 장작 모양을 보고 감탄했지. 그 장작이 무척 튼튼하게 쌓아져 있었거든. 데모크리토스는 수학의 대가인 만큼 사물을 보는 관점도 유별났단다. 그는 감탄하여 소년을 불러서 부탁했어.

"미안하지만 네가 짊어지고 있는 그 장작을 내려놓고 다시 쌓아볼 수 있겠니?"

소년은 갑작스러운 부탁에 당황했지만 데모크리토스가 말한 대로 장작을 내려놓고 다시 쌓아보였단다. 그 모습을 본 데모크리토스는 소년의 천재성을 발견하고 자기 집으로 데리고 가서 공부를 시켰대.

이 소년이 바로 피타고라스야. 피타고라스는 어릴 때부터 천재성을 나타냈고, 자라서는 이집트와 바빌로니아에서 열심히 공부해서 그 유명한 '피타고라스의 정리'를 발견했지. 이것은 중학교에서 배우게 될 거란다.

4 피타고라스의 정리

피타고라스가 세상 사람들로부터 존경받고 그를 모르는 사람이 없을 정도로 유명한 이유는 '피타고라스의 정리'를 발견했기 때문이야. 그만큼 '피타고라스의 정리'는 수학에 있어서 중요한 발견이기 때문이지. '피타고라스의 정리'는 다음과 같아.

임의의 직각삼각형에서 빗변을 한 변으로 하는
정사각형의 넓이는 다른 두 변을 각각 한 변으로 하는
정사각형의 넓이의 합과 같다.

무슨 말인지 어려울 수도 있지만 그림을 그려보면 금방 알 수 있을 거야.

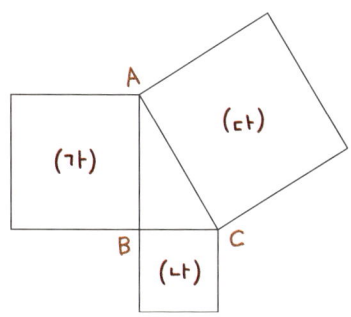

이 그림에서 삼각형 ABC는 직각삼각형이야. 빗변이란 직각을 마주 보는 변으로, 삼각형에서 가장 긴 변을 말하지.

빗변 위의 정사각형은 그림에서 말하면 (다)야. 또 다른 두 변 위의 정사각형은 (가)와 (나)지.

이 그림으로 피타고라스의 정리를 이야기해 보면, '(가)의 넓이 +(나)의 넓이 = (다)의 넓이' 가 된단다. 이것은 어떤 직각삼각형이라도 똑같이 성립되는 원리란다. 사실인지 의심스럽다고? 그럼 직접 그림을 그려서 잘라보고 맞추어 보렴.

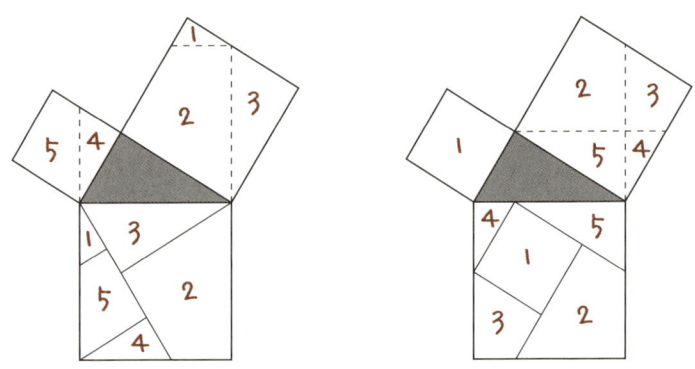

이제 피타고라스의 정리가 무엇인지 알겠지?

피타고라스는 이 사실을 어떻게 발견했을까, 궁금하지? 피타고라스는 이집트의 승려에게 이 삼각형에 대해서 배웠단다.

이집트 사람들은 오래 전부터 삼각형 345에 대해서 알고 있었지. 삼각형 345란 밑변의 길이가 3이고 높이가 4, 빗변의 길이가 5인 삼각형이야. 이 삼각형을 그림으로 그려보면 직각삼각형이 된단다. 지금 만약 너희가 12㎝ 길이의 끈을 3㎝, 4㎝, 5㎝로 나누어서 끝을 묶고 삼각형을 만들어 보면 아마 다음 그림처럼 한 각이 직각이 되는 삼각형이 나올 거야.

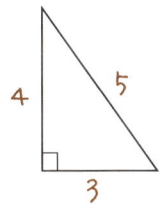

피타고라스는 이집트의 승려에게 이 삼각형에 대해 배운 거야. 그래서 이 삼각형을 이집트 삼각형이라고도 하고 피타고라스 삼각형이라고도 해. 이 삼각형의 성질은 다음과 같아.

$$3^2 + 4^2 = 5^2$$
$$9 + 16 = 25$$

이것이 피타고라스 정리의 출발점이라고 할 수 있지.

그런데 이집트의 승려들은 어디에서 이 삼각형을 발견했을까? 재미있게도 바닥에 까는 대리석 타일에서 알게 되었다는구나.

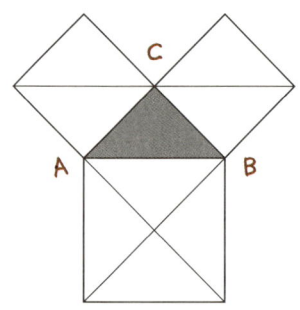

그림처럼 정사각형의 절반 부분으로 된 타일을 늘어놓아 보자. 빗변AB를 한 변으로 하는 정사각형에는 네 장을 놓을 수 있고, 다른 두 변 위에는 두 장씩 놓을 수 있어. 즉 네 장과 네 장으로 같아져. 이집트인들은 그 흔한 타일에서 여러 가지 수학 공식을 발견했던 거야.

하지만 직각삼각형의 이런 성질을 이집트인들만 알고 있었던 것은 아니야. 중국인들은 이집트인들보다 훨씬 전인 우왕(4천 년 전) 시대부터 이미 알고 있었다고 해. 또 페르시아인과 인도인도 알고 있었지.

하지만 그들은 단지 그런 것이 있다는 것만 알고 있었을 뿐이야. 어떻게 그런 공식이 성립하는지, 다른 모든 직각 삼각형에도 적용되는지 생각해보지 않았지. 하지만 피타고라스는 삼각형 345에서 직각 삼각형의 성질을 증명해 내었어. 그것이 바로 피타고라스의 위대한 점이야.

> 빗변의 길이를 한 변으로 하는 정사각형의 넓이는
> 다른 두 변을 한 변으로 하는 정사각형 넓이의 합과 같다.

이 공식은 삼각형 345뿐 아니라 어떤 직각 삼각형에도 적용된단다. 피타고라스가 이 정리를 발견했을 때 얼마나 기뻤던지 소 100마리를 신에게 바쳤을 정도였대.

여기서 너희들이 꼭 생각해 봐야 할 사실이 있어. 모두들 알고 있는 사실이었는데 왜 피타고라스만 유명해진 걸까? 중국이나 이집트, 또 인도인들 모두 삼각형 345의 성질을 알고 있었는데 피타고라스에게 그 공적을 빼앗겼을까?

옛날 사람들은 여러 가지 사실을 알고 있지만 단지 아는 것에

만족했을 뿐, 규칙을 만들거나 증명하려고 애쓰지 않았어. 하지만 피타고라스는 잘 알려진 사실을 가지고 규칙을 만들고 증명했지. 그래서 피타고라스가 마지막 승리를 차지하게 된 거야. 사실을 바탕으로 연구하고 증명하려는 피타고라스의 자세를 본받아야겠지?

5. 피타고라스의 음악

피타고라스는 유명한 수학자면서 뛰어난 음악가이기도 했단다. 이렇게 말하면 아마 피타고라스가 목소리가 좋고 노래도 잘했다고 생각하겠지? 어쩌면 정말 노래를 잘했을지도 몰라. 하지만 피타고라스를 뛰어난 음악가라고 하는 이유는 음정을 발견했기 때문이야.

수학자였던 피타고라스는 음악도 수와 관계가 있다고 생각했어. "음악은 수의 지배를 받는다."라고 할 정도였단다.

피타고라스는 수를 바탕으로 음정을 생각했는데 재미있는 이야기가 전해져 오고 있어.

　피타고라스는 어느 날 수와 음악 사이의 관계를 골똘히 생각하며 걷고 있었지. 그러다가 우연히 대장간 옆을 지나게 되었는데, 그곳에서 대장장이가 모루 위의 달궈진 쇠를 망치로 치는 소리를 듣게 되었단다. 그는 뛰어난 청취력으로 번갈아 내리치는 망치의 소리가 다르다는 것을 알게 되었어. 그런데 한 번을 제외하고 모든 소리들이 조화를 이루고 있었지. 그는 망치들이 내는 소리가 어울림음으로 완전 4도와 완전 5도 음이라는 것을 알았어. 그는 4번과 5번 음색 사이에는 소리가 조화롭지 못하고, 망치 소리 중에서 가장 크게 들린다는 것도 알았단다. 피타고라스는 자신이 알아내고자 열망했던 음악의 법칙이 신의 도움으로 갑자기 완전한 형태로 나타났다고 생각했지.

　그는 자신의 발견을 기뻐하며 대장간으로 들어갔어. 오랫동안 대장장이가 쇠를 내리치는 소리를 듣던 그는 음정의 차이가 나는 원인을 알게 되었단다. 음정의 차이는 대장장이들이 쇠를 내리치는 힘도, 망치의 모양도, 얻어맞는 쇠가 다르기 때문도 아닌, 바로 망치의 크기 때문이었지.

집에 돌아온 피타고라스는 탁자 위에 좁은 판자를 세우고 같은 길이의 줄 6개를 탁자 끝에 고정시켰단다. 그리고 그 줄들의 다른 끝에는 대장간에서 알아낸 망치의 무게와 같은 6파운드, 8파운드, 9파운드 그리고 12파운드의 추와 더불어 4파운드와 16파운드의 추를 각각 매달았지.

먼저, 1:2의 비율인 6파운드의 추를 매단 줄과 12파운드의 추를 매단 줄을 튕겼을 때, 무거운 추인 12파운드를 매단 줄이 내는 소리와 가벼운 추인 6파운드를 매달았을 때의 소리와 8음 차이가 있다는 것을 알았어. 또 6과 12의 산술평균이 9임을 이용하여 6파운드와 9파운드 추를 매단 줄을 튕기면 완전 5도라는 것을 알았지.

그런데 이것은 2:3의 비율이므로 8파운드 추와 12파운드 추를 매달아 튕겨도 마찬가지로 완전 5도였단다.

피타고라스는 6과 12의 조화평균인 8파운드 추를 이용하여 같은 실험을 했어. 그래서 6파운드와 8파운드 추를 매단 줄을 튕기면 완전 4도가 된다는 것을 알았단다. 물론 마찬가지 이유로 9파

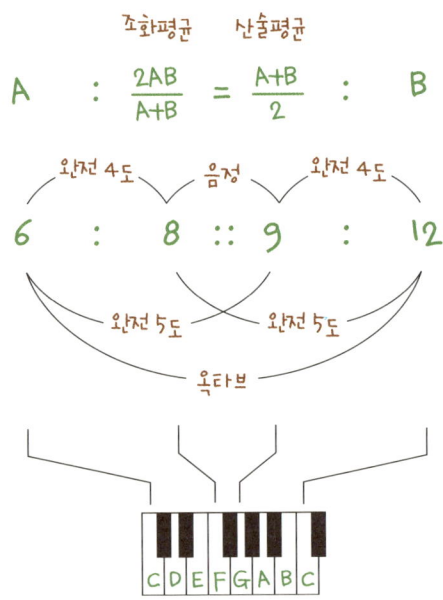

6파운드의 추를 매단 줄을 튕기면 C키, 8파운드는 F키, 9파운드는 G키 그리고 12파운드는 높은 C키가 된다.

운드와 12파운드 추도 완전 4도가 되었는데 이들은 모두 3:4의 비율이었지.

여러 가지 실험을 거친 피타고라스는 결국 줄에 일정한 비율로 추를 매달면 조화로운 소리가 나는 것에 착안하여 악기를 만들었단다. 그 악기는 현을 죄는 주감이를 더하여 추를 매달았을 때와 같은 효과로 현을 팽팽하게 할 수 있었어. 그는 이 악기의 이름을 '현을 퍼지게 하는 악기'라는 의미로 '코르도토논(Chordotonon)'이라고 불렀으며 '신성한 일현금'이라고도 불렀단다.

피타고라스는 코르도토논을 기본으로 하여 다른 여러 가지 기구로도 실험해 보았단다. 그 결과 앞에서와 같은 비율에 맞춘 길이로 자른 대롱들을 불었을 때도 같은 결과를 얻게 되었지. 그리고 앞에서와 같이 주어

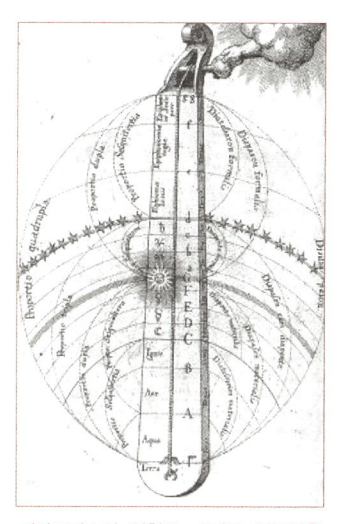

피타고라스의 일현금. G키를 연주했을 때를 나타내고 있으며, 각 키에 따른 조화를 나타내고 있다. 그런데 위의 세 개의 키는 정확하지 않은 위치에 있다.

진 무게 비율의 트라이앵글을 쳤을 때와 컵에 주어진 비율대로 물을 채우고 두드렸을 때도 같은 결과를 얻었단다. 그래서 피타고라스는 사람들이 쉽게 음악을 연주하고 들을 수 있도록 리라를 비롯한 현악기들이 어울리는 음정을 만들어 낼 수 있는 음악적 체계를 세우기 시작했어. 그가 만든 음정은 오늘날의 '도, 레, 미, 파, 솔, 라, 시, 도'라는 8음계인데, '피타고라스의 8현 리라'라고도 알려지게 되었단다.

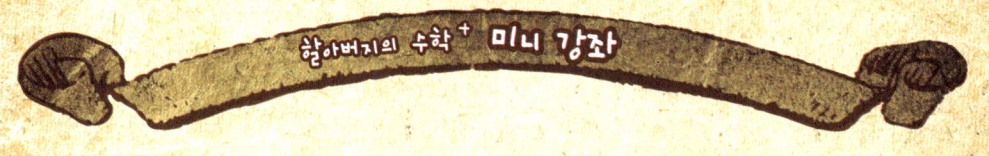

피타고라스와 여러 가지 수들

피타고라스는 만물의 근원은 정수라고 생각하여 수를 매우 신성하게 여겼단다. 그래서 피타고라스와 그의 제자들은 수학에서 여러 가지 종류의 수를 발견하려고 노력했지. 그들이 발견한 수의 종류에는 '친화수', '완전수', '부족수', '과잉수', '형상수' 등이 있단다. 이들을 차례대로 알아볼까?

어떤 두 수가 친화수라는 것은 그들이 서로의 '진약수(proper divisors)'의 합이 되는 경우야. 예를 들어 220의 진약수는 1, 2, 4, 5, 10, 11, 20, 22, 44, 55, 110이고 이들의 합은 284란다. 또 284의 진약수는 1, 2, 4, 71, 142로 이들의 합은 220이지. 따라서 두 수 220과 284는 친화수야. 현재까지 친화수는 10억보다 작은 수의 경우는 다 알려져 있어.

어떤 수가 완전수라는 것은 그 수와 그 수의 진약수의 합이 같은 경우란다. 예를 들면 6의 진약수는 1, 2, 3이고 합은 6이지. 따라서 6은 완전수야. 완전수에는 28, 496, 8128 등이 있지. 부족수와 과잉수는 각각 진약수의 합이 자신보다 작은 것과 큰 것이란다.

수학의 역사를 연구하는 사람들 중에는 친화수와 완전수가 피타고라스 학파에 의하여 만들어 졌다고 주장하는 쪽과 그렇지 않다고 주장하는 쪽, 두 경우가 있는데 형상수의 경우는 피타고라스 학파에 의하여 만들어졌다는 데 모두 동의한단다. 형상수는 다음 그림과 같은 수들로 기하학과 산술과의 밀접한 관계를 보여 준단다.

삼각수 : 1부터 시작하는 임의의 연이은 자연수의 합으로 얻어지는 수

1=1　　　1+2=3　　　1+2+3=6　　　1+2+3+4=10

 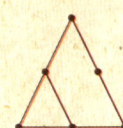 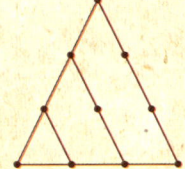

사각수 : 자연수 1, 2, 3, …… 을 차례로 제곱하여 얻어지는 수

$1^2=1$　　　$2^2=4$　　　$3^2=9$　　　$4^2=16$

오각수 : n번째 오각수는 n-1번째 삼각수의 세 배에 n을 더하여 얻어지는 수

1   1+1+1+2=5   3+3+3+3=12   6+6+6+4=22

 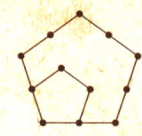 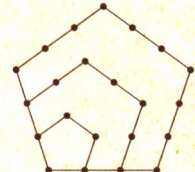

행복한 수학영재로 키워주는
어린이를 위한 수학의 역사 1

펴낸날	초판 1쇄 2008년 4월 18일
	초판 10쇄 2020년 5월 30일

지은이	후지와라 야스지로 · 이광연
펴낸이	심만수
펴낸곳	(주)살림출판사
출판등록	1989년 11월 1일 제9-210호

주소	경기도 파주시 광인사길 30
전화	031-955-1350 팩스 031-624-1356
홈페이지	http://www.sallimbooks.com
이메일	book@sallimbooks.com

ISBN	978-89-522-0875-0 74410

살림어린이는 (주)살림출판사의 어린이 브랜드입니다.

※ 값은 뒤표지에 있습니다.
※ 잘못 만들어진 책은 구입하신 서점에서 바꾸어 드립니다.

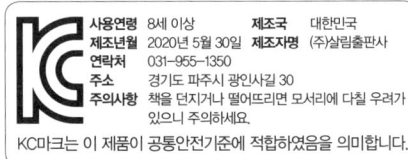